성공의
연금술

Success Alchemy

성공의 연금술

김옥림 지음

| 프롤로그 |

창의적으로 생각하고
능동적으로 실천하라

지금 대한민국은 경제적으로 큰 어려움에 처해 있다. 그 정도가 1998년 IMF 때보다도 더 힘들다고 언론은 연신 대서특필해댄다. 이에 발맞춰 국민들은 허리가 휘청거린다며 이구동성으로 어려움을 호소하고 있다. 이런 현상은 우리나라뿐만 아니라 경제대국인 미국, 일본, 독일, 영국을 비롯한 전 세계가 마찬가지다. 하나 같이 경제적 위기에 봉착해서 어려움을 겪고 있다. 물론 각고의 노력으로 반드시 경제적 위기를 벗어나겠지만, 인간에게 있어 경제가 얼마나 중요한 삶의 요소인가를 단적으로 보여주는 상황이 아닌가 한다.

그런데 갑자기 번쩍하는 나의 뇌리를 스치는 사람이 있다. 그는 바로 정주영 회장이다. 자칫 잘못하면 경제적 공황 상태로 까지 갈 수 있다는 위급한 현실에서 그가 내 마음속에 강하게 다가오는 까닭은 무엇일까?

'어쩌면 이것은 그가 나를 통해 자신의 생각을 말하고자 함이 아니었을까' 하는 생각이 들었다. 내가 이런 생각을 하면 할수록 더욱 강하게 그가 무언가 할 말을 해야겠다는 듯 내 마음은 강하게 요동쳤다. 마치 거대한 폭풍우가 몰아치듯 내 마음을 뒤흔들어댔던 것이다. 나는 무언가를 쓰지 않으면 안 되겠다는 참을 수 없는 욕망에 사로잡혔다. 그러자 마음속에 해일이 일며 뜨거운 확신이 왔다. 이럴 때 일수록 모두가 배워야 할 것은 정주영 회장의 강인한 정신과 그의 성공철학이라는 확신이 들었다.

이런 생각이 확고해 지자 나는 더 이상 주저할 수가 없었다. 그동안 쓰고 있던 모든 글들을 잠시 미뤄두고 그에 대해 쓰기로 작정하고 집필계획을 세웠다. 집필계획을 세우자 내 마음의 수문을 열고 생각들이 폭포수처럼 쏟아져 내리기 시작했다. 나는 몸과 마음의 자세를 고쳐 앉은 채 글을 써 나가기 시작했다.

대한민국 건국 이래 맨주먹으로 대한민국의 경제역사를 새롭게 쓰며 기적을 이뤄낸 가장 독보적이고 가장 위대한 업적을 남긴 정주영! 그는 강원도 통천의 가난한 시골에서 태어났다. 그는 가난이 싫어 고향을 떠나 혈혈단신으로 매서운 현실에 맞서 맞장을 떴다. 세상의 그 어느 것 하나라도 그를 위해 준비된 것은 없었다. 그는 오직 혼자였고 빈털터리였으며 외로운 존재였다. 그러나 그의 가슴속엔 가난을 물리치고 성공해야겠다는 강한 신념이 불꽃으로 활활 타고 있었다. 그렇게 마음먹자 못할 것이 없었다. 그는 무엇이든 닥치는 대로 하기로 했다. 아니, 반드시 해야만 했다. 그것이 그가 정다운 가족과 고향을 떠나온 이유며 목표였다.

그가 처음으로 한 일은 부두 막노동이었다. 어린 시절부터 농사일로 다져진 그에게도 막노동은 힘든 일이었다. 하지만 그는 이를 악물고 그 일을 했다. 그에겐 이루고 싶은 꿈이 있었기 때문이다.

막노동꾼을 벗어난 그는 쌀가게 배달부를 거쳐 쌀가게주인으로, 자동차 수리업자로, 그리고 건설업을 하며 정직과 신용으로 경제적 발판을 마련하며 우리나라 최대기업인 현대그룹 CEO가 되었다. 그뿐만 아니라 우리나라 경제계에서 최고의 수장인 전국경제인연합회 회장을 무려 다섯 번이나 연임 한 그야말로 우리나라 경제사의 전무후무한 전설이다.

그의 수많은 업적 중에서도 단연 돋보이는 것은 분단의 상징인 판문점의 분계선을 넘어 소떼를 몰고 직접 평양을 방문한 일이다. 그 당시 그 모습을 지켜보던 온 국민의 가슴엔 흥분과 감동의 물결이 거대한 파도처럼 출렁거렸다. 그것은 마치 한 편의 극적인 드라마와도 같았다. 그 역사적인 순간을 ABC, NBC, BBC, NHK 방송은 물론 워싱턴포스트지, 뉴욕타임지, AFP통신을 비롯한 세계의 유수한 언론매체들도 앞 다투어 보도했고, 전 세계인들의 눈은 소떼를 몰고 가는 그에게로 쏠렸다. 그 일이 있은 후, 우리나라와 북한은

냉전의 고리를 풀고 화해와 협력의 시대로 나아가는 계기를 마련했다. 그 결과 개성공단을 개발하고 금강산관광을 통해 경제협력에 이바지함으로써 평화통일을 향해 한발 한발 나아가는 쾌거를 이루어 냈다. 이제껏 그 어느 누구도 해내지 못한 엄청난 일을 그가 해낸 것이다.

정주영에겐 못할 것이 없었다. 그는 무에서 유를 창조하는 '인생의 조각가'였다. 아무리 불가능한 것도 그가 손만 대면 멋진 성공의 금자탑이 되었던 것이다. 이렇듯 그는 마음먹은 일은 뭐든지 밀어붙여 반드시 이루어내고야 마는 불패의 CEO였다. 그의 불패 정신은 그만이 간직한 강한 신념에서 나온 것이다.

그는 단순히 뛰어난 경제인만이 아니다. 그는 나라의 경제발전을 위해 노력한 실용주의적 실천자였고, 조국의 평화를 위해 최선의 노력을 다한 투철한 민족정신의 소유자였다. 또한 그는 가난하고 어려운 사람들을 위해 '사단법인 아산재단'을 설립하여, 전국 오지마을에 병원을 짓고 각종 사업을 벌이는 등 자신의 인생을 참으로 멋지게 살다 간, 1백년에 한 번 나올까 말까한 위대한 인물이다.

나는 개인적으로 정주영 회장과는 아무런 관련이 없다. 그의 생전에 그와 한 번도 만난 적이 없고, 그에게 커피 한 잔 얻어 마신적도 없다. 그런 내가 성공적인 인생을 살다간 많은 사람들 중에서도 유독 정주영을 배워야한다고 강조하는 것은 그 만큼 그의 인생은 하나의 드라마틱한 감동이고 인생 승리의 표본이라고 믿기 때문이다.

그리고 우리 젊은이들이 빌 게이츠나 워렌 버핏, 버락 오바마에겐 열광을 해도 정주영은 아득하게 잊고 있다는 사실이다. 우리나라에도 정주영처럼 훌륭한 인격을 갖춘 세계적으로 성공한 인물도 있는데 굳이 외국인들에게 더 열광하는 것은 우리다운 것을 너무 경솔히 여기는 까닭이라고 생각한다. 이에 대해 우리의 젊은이들이 정신적 사대주의에 빠지는 것이 아닌가 하여 심히 우려를 금할 수가 없다.

나는 작가로서 이러한 사회적 현상을 그냥 보고만 있을 수는 없다. 정신적 사대주의가 우리다운 것을 빼앗아버리는 가장 무서운 독소라는 것을 잘 아는 까닭이다. 그렇다고 해서 외국의 것이나 훌륭한 외국인을 무조건 배격하라는 것은 아니다. 다만 나는 우리나라의 훌륭한 인물과 그들의 업적을 잊지 말고 인생의 지침으로 삼아 이 땅에 살고 있는 모든 이들이 보다 더 행복한 인생을 살았으면 좋겠다는 생각에서이다. 이에 나는 정주영을 통해 가장 한국적인 인물, 가장 한국적인 정신을 새롭게 조명하여 되새기고 싶은 것이다. 물론 그에게도 잘못도 있고, 실수도 있고, 비난 받을 일도 있을 것이다. 하지만 그럼에도 불구하고 그는 많은 것을 이루어 낸 성공한 인물이다. 그에게 배워야 할 것이 너무 많다.

그는 노력하면 무엇이든 이룰 수 있다는 것을 온몸으로 보여준 우리나라 경제사의 일등 공신이자 산증인이다. 인생은 행복한 사람에게는 짧고 불행을 느끼는 사람에게는 길 것이다. 그렇다면 한 번 뿐인 인생을 행복하고 멋지게 살아야 하지 않을까. 내가 인간으로 태어난 것을 자랑스럽게 여길 수 있도록 말이다.

  당신이 진정 성공하고 싶다면 꿈으로 밥을 먹고 꿈으로 물을 마셔라. 꿈 꿀 수 있는 것은 무엇이든 이룰 수 있다. 꿈꾸는 사람이 돼라. 그리고 꿈을 쫓아가지 말고 꿈을 리드하고, 꿈을 지배하는 멋진 인생이 되었으면 한다.

2009년 12월
김옥림

Contents

|프롤로그|

Part 01
창의적으로 생각하고
능동적으로 실천하라

01 | success mind
모든 성공은 꾸준한 실천에서 온다,
한번 시작한 일은 반드시 끝내라 16

02 | success mind
임전무퇴의 투철한 신념을 길러라,
한번 정한 목표는 힘차게 밀고나가라 25

03 | success mind
불가능을 가능으로 바꿔라,
사람이 하는 일에 불가능은 없다 36

04 | success mind
남들이 기적이라고 믿는 것을
당연한 일로 이끌어내라 49

05 | success mind
독창적이고 풍부한 창의력을 길러라,
모방을 해서는 남을 능가할 수 없다 58

06 | success mind
시간 관리에 능통한 사람이 돼라,
시간을 다스리는 자가 성공한다 68

07 | success mind
패배주의를 멀리하고 성공주의를 꿈꿔라,
긍정적인 생각이 성공을 이끌어 낸다 75

Part 02
누구에게든지 무엇이든지, 필요하다면 배우길 주저하지마라

08 | success mind
누구에게든지 무엇이든지,
필요하다면 배우길 주저하지마라　　　　88

09 | success mind
집중력이 성패를 결정한다,
집중력은 성공의 키워드다　　　　94

10 | success mind
나의 사전에 실패란 없다고 생각하라,
언제나 인생을 낙관적으로 바라보라　　　　100

11 | success mind
상황을 꿰뚫어보는 능력을 길러라,
센스 있는 임기응변은 위기를 기회로 만든다　　　　107

12 | success mind
미래를 예측하는 눈을 길러라,
미래의 성공은 최선을 다 하는 자들의 것이다　　　　114

13 | success mind
남들이 'No'라고 할 때 'Yes'라고 말하라,
해서 안 되는 일은 없다　　　　121

14 | success mind
무엇을 하던 즐거운 마음으로 하라,
즐거운 마음은 자신의 능력을 배가 시킨다　　　　129

Part 03

자신의 잠재력을 극대화 시켜라,
누구에게나 잠재력은 있다

15 | success mind
창조적인 리더십을 길러라,
강력한 리더십은 리더의 절대적 조건이다 ……………… 138

16 | success mind
개척자 정신은 성공의 필수요소이다,
삶은 열정적인 인생을 원한다 ……………… 145

17 | success mind
두둑한 배짱과 지혜를 길러라,
그리고 담대히 행하라 ……………… 153

18 | success mind
자신의 잠재력을 극대화 시켜라,
자신의 인생에 승리자가 돼라 ……………… 160

19 | success mind
내 인생에 적당히는 없다고 생각하고,
적당이란 말에 미혹당하지 마라 ……………… 167

20 | success mind
한번 한 약속은 반드시 지켜라,
철저한 신용주의자가 돼라 ……………… 174

21 | success mind
고정관념을 버리고 변화를 추구하라,
새로운 생각을 마음가득 채워라 ……………… 180

Part 04
행복한 인생이 돼라,
삶은 행복을 추구하는 것이다

22 | success mind
성공신화는 누구나 쓸 수 있다,
고난과 역경 앞에서도 당당하게 맞서라   192

23 | success mind
근검절약을 실천하라,
돈은 버는 것 보다 쓰는 것이 더 중요하다   197

24 | success mind
행복한 인생이 돼라,
삶의 목적은 행복을 추구하는 것이다   203

25 | success mind
꿈은 높고 클수록 좋다,
꿈이 커야 큰 인생이 된다   208

26 | success mind
정주영과 유태인의 공통점을 배워라,
근면과 성실은 참 좋은 성공습관이다   213

|에필로그|
|정주영 어록|
|정주영 회장 연보|
|수상|

매일 새로워야한다.
어제와 같은 오늘, 오늘과 같은 내일을 사는 것은
사는 것이 아니라 죽은 것이다.

길이 없으면 길을 찾고,
찾아도 없으면 길을 만들며 나가면 된다.

부정적이고 비관적인 사고는 성장과 발전을 가로막는다.
무슨 일이든 낙관하라, 긍정적으로 생각하라.

—정주영—

Part 01
남들이 기적이라고 믿는 것을 당연한 일로 이끌어내라.

꿈을 향해 담대하게 나아가고
상상한 삶을 살기 위해 노력을 기울인다면
평범한 시기에 뜻밖의 성공을 접하게 될 것이다.
―헨리 데이비드 소로

모든 성공은 꾸준한 실천에서 온다, 한번 시작한 일은 반드시 끝내라

꾸준한 실천이 중요하다

　무슨 일을 할 땐 계획을 잘 세우는 것도 중요하지만, 그 보다 더 중요한 것은 그 일을 실현시키기 위해서는 꾸준한 실천력이 필요하다. 어떤 일을 할 때 수립하는 계획이란 빌딩을 지을 때의 설계도와도 같은 것이다. 그런데 아무리 설계도를 완벽하게 그렸다하더라도 빌딩이 저절로 지어지는 법은 없다. 땅을 파고 철근을 넣고 시멘트를 반죽하여 일정한 비율에 맞춰 콘크리트를 쳐야한다. 그리고 한 층 한 층을 정성스럽게 쌓아올려야 한다. 그래야 비로소 튼튼하고 안전한 빌딩이 되는 것이다.

실천이란 바로 빌딩을 짓듯 행해지는 모든 과정을 말하는데, 이러한 실천적 행위가 꾸준하게 이어져야만 어떤 결과를 얻게 되는 것이다. 하지만 어떤 사람들은 무슨 일을 시작할 때 처음엔 아주 그럴듯하게 계획을 세우고 금방이라도 무슨 일을 이루어 낼 듯 분주히 돌아친다. 그런 광경은 보는 것만으로도 활력이 넘치고 기분이 좋다. 그러나 어느 정도 시간이 지나고 나면 처음 가졌던 열정적인 마음은 서리 맞은 배추처럼 팍 시들어 버리고 먼지 나는 밋밋한 마음만이 가슴속에 남아 있음을 발견하게 된다. 그야말로 빛 좋은 개살구가 아닐 수 없다.

그런데 안타까운 것은 뼈아픈 반성이나 후회를 할 줄 모른다. '다 그런 거지 뭐'하고 자신의 무능함과 나태함을 합리화 시키려고만 한다. 이런 일은 누구나 한번쯤은 다 경험한 일일 것이다. 이러한 생각은 자신의 능력을 파괴시키는 인생의 독소와 같다. 그래서 이런 생각의 지배를 받는 한 진정한 발전이란 있을 수 없다.

꾸준한 실천적 의지의 중요성을 잘 보여주는 대표적 일화가 있다. 〈무기여 잘 있거라〉, 〈누구를 위하여 종은 울리나〉 등의 소설로 유명한 미국의 대표적인 작가 어니스트 헤밍웨이. 그는 총알과 폭탄이 비 오듯 쏟아지는 전쟁터를, 종군기자로서의 사명을 다하기 위해 하나뿐인 목숨을 걸고 누비며 다녔다.

헤밍웨이는 그러한 자신의 경험을 소설로 썼고, 그 소설은 그에게 위대한 작가가 되게 했다. 그리고 그는 훗날 풍부한 인생 경험에서 우러나는 소재를 바탕으로 〈노인과 바다〉를 써서 퓰리처상과 노벨 문학상을 동시에 받으며, 세계 문단 사에 길이 이름을 새기는 영광의 작가로 우뚝 섰다.

그는 자신의 성공에 대해 부러워하는 이들에게 '나는 우연히 성공한 것이 아니라 꾸준한 노력과 실천으로 성공한 것이다.'라고 말했다.

헤밍웨이의 말에서 보듯 그처럼 위대한 작가도 하루아침에 이루어진 게 아니라는 것을 알 수 있다. 꾸준한 노력과 실천으로 능력 있는 작가가 되었다는 말이다. 자신의 꿈을 이루고 싶은 사람들은 헤밍웨이의 말을 곰곰이 새길 필요가 있을 것이다.

꾸준한 실천의 중요성을 잘 알게 해주는 또 다른 유명한 말로써 '로마는 하루아침에 이루어지지 않았다.'는 말이 있다. 생각해보라! 유럽은 물론 중동 지역, 아프리카, 터키, 인도, 몽골에 이르기까지 영토를 확장하고 세력을 떨치며 절대적 권력의 상징으로 부상했던 로마가 어떻게 해서 우뚝한 제국이 되었는가를… 그들은 영원한 제국을 꿈꾸며 차근차근 준비를 했다는 것을 잘 알 수 있다.

또 하나의 예를 보도록 하자. 독일 문학의 대표적 작가이며 정치가, 사상가, 과학자이자 자연연구가로서 막대한 영향을 끼친 요한 볼프강 폰 괴테. 그는 역작 〈파우스트〉를 장장 59년에 걸쳐 완성하였다. 그의 나이 23세에 쓰기 시작해서 82세에 탈고 했던 것이다. 한 작품을 쓰기 위해 그는 날마다 꾸준히 글을 썼다. 꾸준히 글을 썼다는 것은 실천적인 노력을 뜻한다. 그렇게 했기 때문에 그는 영원한 세계의 고전이라고 불리는 〈파우스트〉를 쓸 수 있었다. 괴테는 한 작품을 쓰는 데만 자신의 생애의 70%를 바쳤던 것이다. 그가 만약 중도에서 포기했다면 〈파우스트〉는 결코 빛을 보지 못했을 것이다.

대개의 사람들은 꾸준한 실천력의 필요성과 소중한 의미를 잘 알고 있다. 그런데도 그것을 잘 이행하지 못하는 것은 의지가 약하기 때문이다. 무엇을 이루어내겠다는 굳은 의지가 없다면 그 어떤 것도 결코 이루어 낼 수 없다. 강한 의지가 마음속에서 강하게 작용을 할 때만 꾸준한 실천을 함으로써 성공리에 일을 해 나갈 수 있는 것이다.

정주영은 누구보다도 실천적 의지가 매우 뛰어난 인물이었다. 그는 무언가를 결정 하면 무섭게 저돌적으로 밀고 나갔다. 그의 굳은 의지는 아무도 당해 낼 수 없을 만큼 강인했다. 그래서 사람들은 그를 '불도저' 라고 불렀다. 그 누구도 그의 불굴의 투지 앞엔 두 손을 들고 말았다. 그만큼 그는 탁월한 의지의 소유자였다. 그가 이루어 놓은 수많은 성공은 불굴의 의지를 갖고 흔들림 없이 꾸준하게 실천함으로써 이뤄 낼 수 있었던 것이다.

창조적이고 진취적인 사고방식을 가져라

정주영은 고정관념을 배격하고 멀리하였다. 그래서 고정관념에 사로잡혀 있는 사람은 누구든 경계하고 멀리하였다.

고정관념은 진취적인 사고를 가로막는 부정적 마음의 요소이다. 이런 부정적 요소가 마음에 가득 차게 되면 자신의 힘으로 능히 할 수 있는 것도 못하게 되고, 새로운 변화를 쫓아가지 못해 결국은 더 나은 자리로 나아가지 못하고 퇴보할 수밖에 없다. 왜냐하면 고정관념은 새로운 변화를 싫어하는 속성이 있기 때문이다.

고정관념의 맹점은 항상 현재에만 안주하려고 한다. 그것이 설혹 자신의 삶에 악영향을 주더라도 그것에서 벗어나지 않으려고 한다. 고정관념에 사로잡힌 사람들에게 새로운 발전을 기대한다는 것은 어리석고 미련스러운 일일 뿐이다. 그러기에 새로운 것에 대한 시도와 도전은 아무나 할 수 없는 것이다. 진취적인 기상과 사고방식으로 무장 된 사람만이 할 수 있다. 이러한 진취적인 기상과 사고방식으로 무장한 사람이 불굴의 의지와 꾸준한 실천을 겸비할 때 놀라운 결과가 일어나는 것이다.

정주영이 바로 그런 사람이었다. '할 수 없다, 안 될 것이다.'란 말

정주영의 대표적인 업적

01. 맨주먹으로 우리나라 조선소를 세계 일등으로 키워냈다. 그가 조선소를 만들기 위해 들인 노력은 상상을 초월한다. 그가 아니면 절대로 할 수 없는 일이었다.
02. 현대자동차를 세계적인 일류기업으로 키워냈다. 자동차는 그에겐 운명 같은 존재였다. 그는 젊은 시절 자동차수리업을 했었다. 그 일은 결국 그에게 '현대자동차'라는 귀한 선물을 안겨주었다.
03. 현대건설을 세계적인 초일류 기업으로 키워 냈다. 현대건설은 유수한 세계적인 기업을 물리치고 미약하기 그지없는 자본과 기술력으로 20세기 최대의 공사라고 일컫는 '사우디아라비아 주베일 산업항 공사'를 따내, 계약서에 작성 된 공기인 40개월을 무려 8개월이나 앞당겨 성공적으로 완성했다.

은 그의 사전엔 없었다. 그에겐 오직 '할 수 있다, 해 내고야 만다'는 의지와 진취적 기상과 강한 신념만이 불타고 있었다. 그는 이런 자신만의 인생철학을 세우고 최선의 노력을 다 한 끝에 우리나라 최대의 기업인 '현대'를 탄생시켰으며, '현대'를 세계의 경제 반석위에 우뚝 세워놓았던 것이다.

그에 대한 성공신화를 일일이 열거한다는 것 자체가 어쩌면 무의미 하다고 하겠다. 그만큼 정주영은 뛰어난 모험가이며 창조적 전략가며 강인한 신념과 도전정신의 소유자였다. 그가 이처럼 세계적인 CEO가 될 수 있었던 것은 바로 끊임없이 탐구하고 노력하는 진취적 사고방식으로 꾸준하게 실천에 임했기 때문이다.

이에 대해 많은 사람들이 정주영을 초인적인 사람으로, 매우 뛰어난 능력의 소유자로 평가하곤 했다. 그러면 그는 '나는 결코 특별한 사람이 아닙니다. 나는 오직 확고한 신념과 불굴의 의지로 꾸준히 노력하는 사람일 뿐입니다.' 라고 겸손하게 말하곤 했다.

정주영의 장점 중에서도 최대의 장점은 창조적이고 진취적인 사고방식의 소유자라는 것이다. 그리고 이런 장점이 정주영을 우리나라 경제사에 있어 역대 최고의 CEO로 만든 원동력이 되었던 것이다.

한번 시작한 일은 반드시 끝내라

크고 작은 일들은 어느 것 하나 그냥 이루어지는 것이 없다. 아무리 작은 성과라고 해도 그만한 땀과 노력이 들어가야 한다. 그런데 노력 없이 성과를 기대한다는 것은 자기 자신을 기만하는 일이며 떳떳치 못한 일이다. 성공한 사람과 그렇지 못한 사람의 차이점은 바로 이런데 있다. 공짜를 바라지 않는 것과 공짜를 원하는 것.

미국의 백화점 왕 존 워너메이커! 그는 친절함과 성실함의 대명사이다. 어린 시절 그에게는 한 가지 꿈이 있었다. 위대한 사업가가 되는 것이었다. 그는 나약하고 볼품없는 현실에서도 결코 공짜를 바라지 않았고, 주눅 들지 않고 자신의 꿈을 향해 한발 한발 나아갔다. 나아가다 인생의 걸림돌이 있으면 새로운 길을 찾아서 갔고, 그래도 길이 막히면 길을 뚫고 나갔다. 그의 장점은 꾸준한 노력과 실천이었다. 그는 한 번 시작한 일은 반드시 끝내는 것을 인생의 원칙으로 삼았던 것이다. 결국 그는 성공했고 많은 사람들에게 꿈과 희망을 주는 멘토가 되었다.

정주영이 역시 그랬다. 그는 절대로 공짜를 바라지 않았다. 그냥 얻어지는 것은 무가치한 것으로 여겼던 것이다. 땀 흘려 이루어 낸 것만이 진실이라고 믿었다. 그래서 그는 게으른 사람들을 제일 싫어했다. 그 반면에 땀 흘리며 최선의 노력을 다하는 사람을 좋아하고 등용했다. 그에겐 불가능이란 없었다. 이 세상 모든 일은 다 할 수 있는 것들이라고 여겼다. 그런데 그것을 하지 못하는 것은 신념이 부족하고 노력이 부족하기 때문이라고 믿었다. 그는 실패를 두려워하지 않았다. 실패 역시 성공으로 가는 하나의 과정이라고 여겼을 뿐이다. 그의 가슴엔 오직 할 수 있다는 믿음으로 가득 차 있었다. 그래서 그는 어떤 일이건 한번 시작한 일은 반드시 끝을 내고야 말았다. 그가 한번 시작한 일엔 후퇴가 없었다. 그가 성공으로 이루어 낸 모든 것들은 그가 마음먹고 될 수 있다고 믿고 시작한 일들이다. 그랬기 때문에 그에겐 포기란 없었다. 포기할 것 같으면 아예 시작을 하지 않았던 것이다.

요즘 사람들은 의지는 약한데 이상은 매우 높다. 이상만 높다고 해서 그 이상이 실현되는 것은 아닌데도 말이다. 이상이 높으면 그것을 이루려는 실행의 의지도 높아야한다. 모든 일엔 균형과 조화가 맞아야하는 것이다. 그래야 좋은 결과를 얻을 수 있다.

이 세상엔 열심히 해서 안 되는 일은 별로 없다. 물론 아무리 노력하고 애를 써도 안 되는 것이 있긴 하다. 하지만 최선을 다하면 최고는 아니더라도 그 근처에는 다다를 수 있다. 그것 또한 매우 의미있는 일이라 생각한다.

배가 고프면 엄마가 없어도 아이 스스로 밥을 찾아먹듯 자신에게 주어진 일을 스스로 행하는 자세를 길러야한다. 자신이 해야 할 일을 미루거나 남에게 떠넘기면 자신의 인생에 대한 직무유기이다. 자신이 해야 할 일이라면 그 어떤 것도 자신의 힘으로 당당하게 해나가야 한다. 앞으로의 시대는 더욱 자생력을 길러야 한다. 그리고 자신을 창조적이고 진취적이고 능동적인 인간형으로 만들어야 한다. 창조적인 인간형이 되지 않으면 남보다 앞서 갈 수 없다. 현대는 창조적이고 진취적이고 능동적인 인간형을 필요로 한다.

일찍이 정주영은 미래는 창조적 인간형을 필요로 한다는 것을 간파하고, 그것을 자신의 철학으로 삼고 확고한 신념으로 창조적 인간형으로 살아왔다. 그 결과 그는 우리나라 경제사에 한 획을 긋는 거대한 거목이 되었고, 그 어느 누구에게도 결코 그 자리를 내어주지 않았다.

| 마인드 스터디 |

- 창조적이고 진취적인 인간형이 돼라. 능동적이고 열정적인 인간형이 될 때 그 어떤 일도 성공적으로 이끌어 낼 수 있다.

- 한번 시작한 일은 목숨을 걸고서라도 반드시 끝내라. 모든 일에 있어 확고한 자세를 갖고 실행하면 그만큼 성공 확률이 높아진다.

- 자신을 성공적인 인간형 모드로 전환시켜라. 어떤 일을 하다 중도에서 포기한다면 그것처럼 어리석은 일은 없다. 자신이 어리석은 인간형 모드에 갇히지 않으려면 확고한 신념으로 꾸준하게 실천하라.

성공의 연금술

임전무퇴의 투철한 신념을 길러라, 한번 정한 목표는 힘차게 밀고나가라

자신의 능력에 맞는 목표를 설정하라

사람은 누구든 그 사람만의 특기와 장점이 있다. 이는 사람만이 가질 수 있는 축복이다. 성공한 사람들은 자신만의 특기와 장점을 최대한 잘 활용한 사람들이다. 그런데 대개의 사람들은 자신의 특기와 장점을 활용하는 일에 매우 서툰 것 같다. 왜냐하면 그것을 알고도 게으르고 끈기와 의지력이 약하다보니 은근슬쩍 그냥 넘어가기 때문이다.

정주영은 이 점에 있어 매우 탁월한 인물이었다. 그는 한번 정한 먹잇감을 절대 놓치지 않는 백수의 왕 사자처럼 무서운 추진력과 빠른 속도로 자신이 정한 목표를 향해 달려갔다. 그리고 매우 합리적이고 정확하고 명쾌하게 일을 처리해나갔다. 그러면서도 요행을 바라거나 잔꾀를 부리는 일이 없었다. 오직 철저하게 분석하고 끈질기게 밀고 나갔던 것이다. 또한 아무리 힘에 부쳐도 엄살을 피우거나 중도에서 그만두는 일이 없었다. 그만큼 그는 자신이 하는 일에 자신감이 충만했고, 강인한 신념으로 가득 차 있었다.

자신의 능력에 맞는 목표를 설정하고 실행하는 방법에 대해 잘 안다면 인생을 향해 자신 있게 도전장을 내밀 수 있을 것이다.

자신의 능력에 맞는 목표를 설정하고 실행하라

첫째. 자신의 능력으로 이룰 수 있는 목표를 설정하라. 이는 매우 중요한 요소인데 자신의 능력에서 벗어나는 목표를 설정하면 한계에 봉착할 수 있다. 그렇게 되면 자신이 할 수 있는 능력마저도 상실하게 된다.

둘째. 한번 정한 목표는 반드시 실행으로 옮겨야 한다. 실행으로 연결시키지 못하는 목표는 있으나마나한 목표이다. 그런데도 많은 사람들이 이런 어리석음을 범한다. 이는 철저하게 경계해야 할 사항이다.

셋째. 철저하게 분석하고 연구하여 최대한 시간과 노력을 효율적으로 활용해야 한다. 주먹구구식으로 일을 해 나간다는 것은 비효율적이고도 멍청한 짓에 불과하다. 그런데도 우리주변에는 이런 사람들이 많이 있음을 볼 수 있다. 시간은 성공으로 가는 중요한 요소 중 하나이다. 시간을 어떻게 쓰느냐에 따라 성패가 결정되어지기 때문이다.

넷째. 자신이 하는 일에 대해 성공할 수 있다는 신념을 확고히 해야 한다. '그냥 하다보면 되겠지.'라는 생각은 절대 금물이다. 하다 보면 그냥 이루어지는 것은 별로 없다. 하게끔 해야 원하는 대로 이루어진다.

다섯째. 어느 누구의 눈치도 보지 말고 일에 대한 집중력을 극대화시켜야 한다. 눈치를 본다는 것은 자신의 일에 대한 신념이 부족한 사람들이나 하는 어처구니없는 짓이다. 그렇게 해서는 절대 집중력을 가질 수 없고 성공의 길로 갈 수 없다. 자신이 하는 일에 대해 누구의 간섭에도 기죽지 않는 당당한 사람이 되어야 한다.

여섯째. 자신이 하는 일이 어떤 상황에 의해 흔들리는 일이 있을지라도, 절대로 의기소침하지 말고 신속하게 대책을 세워 나가야 한다. 일을 하다보면 자신이 원치 않는 방향으로 흘러갈 때도 있다. 사람의 일이란 예측할 수 없는 일이 많다. 이는 사람이란 존재는 신이 아니기 때문에 완벽할 수 없고, 그렇기 때문에 언제나 실수 할 수 있다. 그러므로 의기소침하거나 자신의 중심을 흐트러뜨리는 일은 절대 금물이다.

일곱째. 그 어떤 일도 손쉽게 이루어낼 수 있다는 생각은 절대 금물이다. 백수의 왕 사자가 멧돼지 새끼 같은 작은 먹이 감에도 전력질주를 하여 잡듯 최선을 다해 실천해야 한다. 그런데 손쉽게 일을 이루려다 보면 오히려 그로인해 실패의 함정에 빠질 수 있다. 모든 일은 순리가 따르는 법이다. 지나친 과욕으로 인해 일을 망치지 말라.

이상 일곱 가지의 방법을 잘 지켜 실행한다면 자신이 정한 목표를 이루는데 큰 도움이 될 것이다.

　정주영은 어떤 일에서든 이러한 원칙을 잊은 법이 없었다. 언제나 이 원칙에 의해 자신의 목표를 이루는데 최선을 다했고, 반드시 성공으로 이끌어 냈다. 이는 우리나라 경제역사 이래 그를 최고의 CEO로 우뚝 서게 한 탁월한 원칙이었다.

한번 정한 목표는 강한 추진력으로 밀고나가라

　정주영이 여타의 기업인들과 다른 점이 있다면 무모할 만큼 저돌적이고 강한 추진력의 소유자라는 것이다. 여기서 저돌적이라는 표현이 다소 막무가내 식이라는 어감을 갖게 하지만, 그는 매우 뛰어난 창의성과 순발력을 겸비한 보기 드문 인물이다. 초등학교밖에 안 나온 그였지만, 그의 머리 회전속도는 수십 명의 박사들보다도 더 빠르고 정확했다. 지식과 삶의 지혜는 큰 차이를 보이는 경우가 많다. 지식은 학교에서 배움을 통해 길러지는 이론에 근거한 것이지만, 삶의 지혜는 만지고 보고 두드리고 경험함으로써 얻어지는 산교육의 결과물이다. 그래서 삶의 지혜는 자로 잰 듯한 이론적인 학문과는 달리 급변하는 상황 전개에 대처하는 능력이 뛰어났다.

　자본과 자원이 없는 우리나라에서의 경쟁은 제 살 깎아먹기와 같은 것임을 잘 아는 정주영은 오일 달러(Oil Daler)를 벌기 위해 원유를 팔아 막대한 부를 이룬 중동지역으로 진출을 모색했다. 그 당시 우리나라는 극심한 인플레이션 현상 외에도 외채 상환에 쫓기고 있었다. 그는 이를 타개하기 위한 방안으로 중동 진출을 목표로 삼았다. 하지만 경험과 자본의 부족을 이유로 중동진출을 반대하는 세력들이 만만치 않았다. 그 누구보다도 해외건설 담당 부사장이었던 친동생인 정인영의 반대가 극심했다. 그 당시 상황으로 보면 정주영의 생각은 미친 사람이나 하는 행동처럼 여겨지는 것은 당연한 일이었다. 생각해 보라! 자본은 고사하고 기술력도 부족한 상황에서 미국의 '브라운 앤드 루츠'나 '산타페 테 레이몬드 인터내셔널', 영국의 '코스테인'이나 '타 막'과 같은 세계 굴지의 건설 회사들과 맞장 뜰 생각을 하다니, 이는 맨 정신을 가진 사람이 해서는 안 되는 일이었다. 그런데 정주영은 시도를 했다는 것이다. 반대하는 아우를 다른 회사로 전보발령하면서 까지 밀어붙였다. 누가 보더라도 무모한 일이었지만, 그는 자신의 목표를 위해서라면 그 어떤 것에도 좌절하지 않았던 것이다. 그러나 그가 택한 결정은 남에게 상처를 주고 아픔을 주기 위한 것이 아니라 모두에게 유익함을 주는 지극히 건설적인 선택이었다. 그가 선택한 '사우디아라비아 주베일 산업항 공사'는 20세기 건설 역사상 세계 최대의 역사라고 불리는 엄청난 규모의 공사였다. 이 공사 입찰에 초청을 받은 나라와 기업을 보면 앞에서도 밝혔듯이 미국의 '브라운 앤드 루츠', '산타페 테 레이몬드 인터내셔널', 영국의 '코스테인', '타 막'은 물론 서독의 '보스 카 리스', 프랑스의 '스피 베타 놀'등 세계굴지의 9개 건설 회사들이다.

사우디아라비아정부에서는 이 공사 입찰에 모두 10개의 회사를 참여시키기로 했는데, 그중 하나가 비어있었다. 그는 바로 이 하나를 노린 것이다. 그는 자본도 없고 기술력도 부족했지만, 신념만큼은 그 누구도 따라갈 수 없을 만큼 확고했다. 어느 누구도 이런 정주영 앞에서 무모한 짓이라며 반대할 수 없었다.

현대의 정주영은 울산 미포 만에 조선소를 건설한 경험을 최대한 살리기로 하고 방법을 강구한 끝에, 마침 울산 미포조선 건설에 기술력을 제공한 영국의 '윌리엄 헐크로'사가 사우디아라비아 주베일 산업항 공사 기술 용역을 맡고 있는 것을 알고 그들을 설득했다.

"우리에게 돈은 없지만 당신들의 기술력 도움을 받아 배를 만들었고, 그로인해 축적된 노하우가 있다. 그것은 누구보다도 당신들이 잘 알고 있지 않느냐. 우리를 도와 달라. 우리를 도와 준 것이 잘한 선택이라는 것을 당신들에게 감사할 수 있게 해 주기 바란다."

하지만 윌리엄 헐크로사의 책임자는 정주영의 요청에 난색을 표했다. 그렇지만 정주영은 한 치도 물러섬 없이 저돌적으로 밀고나갔다. 그것은 죽느냐 사느냐의 문제처럼 절박했던 것이다. 그의 끈질긴 설득은 마침내 견고한 성처럼 흔들림이 없던 윌리엄 헐크로사의 책임자를 움직였고, 윌리엄 헐크로사의 제의로 사우디아라비아 정부는 한국의 현대를 참여시켰다.

그런데 문제는 또 있었다. 입찰 보증금이 2천만 달러나 되었던 것이다. 당시 그 액수는 현대로서는 감당 할 수 없는 어마어마한 큰돈이었던 것이다. 그러나 정주영이 누구인가? 그는 맨주먹으로 현대를 일군 성공의 신화이지 않던가? 그런 그가 2천만 달러에 좌절한다는 것은 있을 수 없는 일이었다. 그는 1억 3천 8백만 달러짜리 바레인 '아 스리 수리 조선소 공사'로 거래를 튼 바레인 국립은행에 지원을 요청했고, 이 은행의 도움으로 사우디아라비아 국립상업은행의 지급보증을 받아냈던 것이다.

　이렇게 해서 현대는 입찰에 나설 수 있었고, 현대의 기술력을 문제 삼아 과소평가하는 반대파 기업들의 공략을 물리치고 9억 3천만 달러에 낙찰을 받아내는 놀라운 쾌거를 이루어냈던 것이다. 그 누구도 도저히 상상할 수 없는 일이 벌어진 것이다. 그 당시 사우디아라비아의 전체 건설 수주고가 열 개 업체에 총 7억 8천만 달러였는데 비해 주베일 산업항공사는 단일 업체에 9억 3천만 달러였으니 그 규모를 가히 짐작하고도 남을만한 것이다.

　공사를 따낸 것만으로도 매우 큰 의미를 지니지만, 공사를 시작하면서 더 큰 의미를 갖게 되었다. 이 공사는 30M 심해저 암반에 $30M^2$의 기초 공사를 12Km나 하는 난공사로써 현대건설은 전혀 해본적이 없는 어마어마한 공사였다.

　이러한 외항 유조선 정박시설 공사는 뛰어난 기술력을 가져야만 할 수 있는 것이었다. 이 공사에 들어간 콘크리트 소요량은 5톤짜리 트럭으로 연 20만대가 되었고, 철강 자재만도 1만 톤짜리 선박 12척을 건조할 수 있는 양이었다. 그리고 자켓이라는 철 구조물이 있는데 이것은 그 하나의 크기가 가로 18M, 세로 20M, 높이는 36M이고 무게는 자그마치 550톤이나 되었다. 그 규모가 10층 건물과도 같았으니 상상이 안 갈 정도로 컸다. 그런데 이런 자켓이 무려 89개가 필요했다.

　정주영은 이 자켓을 설치하기 위해 울산 조선소에서 제작한 1천 6백 톤급 해상 크레인을 가져다 썼다. 그리고 공기 단축을 위해 이 공사에 소요되는 모든 철 구조물을 울산조선소에서 제작해 해상으로 운반한다는 계획을 세웠다. 그러자 참모진들은 울산에서 사우디아라비아까지 가려면 풍랑으로 인해 운반선에 문제가 생길 수도 있고, 그러다보면 공사에 큰 차질을 빚을 수도 있다며 반대했다.

만일 당신이 그 자리에 참모로 있었다면 정주영의 생각에 대해 어떻게 생각했겠는가? 나는 그 자리에 있었다면 그의 생각을 무모하고 어처구니없는 발상이라고 했을 것이다. 울산서 사우디아라비아까지의 뱃길이 도대체 얼마인가? 더구나 10층짜리 건물 크기의 철 구조물이 아닌가? 거센 풍랑을 감수하면서 까지 그런 발상을 하다니…

하지만 정주영은 '해보기나 했습니까? 왜 해보지도 않고 무조건 안 되는 쪽으로만 생각합니까? 그런 생각은 능히 할 수 있는 일도 하지 못하게 한다는 걸 모르시오? 긍정적인 생각을 갖고 하세요. 그러면 얼마든지 할 수 있습니다.'라고 말하며 이를 실행해 옮겼고, 그런 노력을 기울인 결과 40개월인 공기를 8개월이나 앞당겨 32개월 만에 준공하여 전 세계 건설업계를 깜짝 놀라게 했던 것이다.

"기업은 반드시 그때그때 상황에 맞게 재빨리 적응할 수 있는 임기응변적 민첩함이 있어야 한다고 생각합니다. 이것이 나의 소신이고 철학입니다. 그러나 이를 잘 이해하지 못하는 이들이 많다는 것을 나는 잘 압니다."

그는 자신의 말대로 자신의 생각을 이해하지 못하는 많은 이들의 걱정을 멋지게 날려버리고 보기 좋게 성공을 이뤄냈던 것이다. 많은 사람들이 안 된다는 쪽으로 생각할 때도 정주영은 언제나 된다는 쪽으로 생각했던 것이다.

그렇다면 당신은 어떻게 생각하는 쪽인가? 된다고 생각 하는 쪽인가, 아니면 해보지도 않고 안 된다고 생각하는 쪽인가? 그 다음은 묻지 않겠다. 그것은 당신이 더 잘 알 테니까.

이야기에서 보듯 정주영은 상황 대처능력이 매우 뛰어났다. 석박사 출신의 연구원들과 고학력 임원들은 물론 그 어느 누구도 그의 뛰어난 상황 대처능력에는 미치지 못했다. 마음으로 느끼는 예지의 능력을 '감이 좋다'라고 표현하는데, 그는 사물을 감지하고 상황을 판단하는 감이 선천적으로 타고 났던 것이다. 게다가 창의적이고 진취적인 사고방식까지 겸비했으니 그를 따를 자가 없는 것은 어쩌면 당연한 일일지도 모른다. 제 아무리 이론에 밝아도 실전에 약하다면 그것은 진정한 실력이 아니다. 그것은 반쪽짜리 실력에 불과하다. 정주영은 비록 이론엔 약했지만 실전은 매우 뛰어났다. 그리고 실전에서 얻은 경험을 이론에 적용시킬 줄 아는 탁월한

◎ '주베일 산업항 공사'를 성사시킨 비결

01. 틈새전략을 노렸다.
02. 상황에 대처하는 능력이 뛰어났다.
03. 창의력 넘치는 탱크정신으로 밀어붙였다.
04. 적극적인 설득력으로 믿음을 주었다.
05. 사업전망에 대한 직관력이 탁월했다.
06. 반드시 해낼 수 있다는 절대적 긍정주의로 일관했다.

상황 대처능력의 소유자였다.

"우물쭈물하다간 남의 뒤꽁무니만 쫓아가게 돼요. 그렇게 해서는 이미 기득권을 가진 사람들에 의해 시장은 쪼개지고 나뉘어져 겨우 부스러기나 얻어먹게 되는 것입니다."

이는 신속하지 못하면 언제나 상대방에게 밀려 남는 장사를 할 수 없다는 의미로 정주영이 자주 하던 말이었다. 그렇다. 남의 뒤만 쫓아가는 사람은 항상 남의 뒤만 쫓아가게 된다. 그러나 남보다 앞서 가는 사람은 늘 남보다 앞서서 달려간다. 마치 먼저 나는 새가 먹이를 먼저 구하는 것처럼…

정주영은 무슨 일이든 남보다 앞서나가야 직성이 풀렸다. 그리고 그의 그러한 삶의 자세는 늘 그에게 성공이라는 기분 좋은 결과를 가져다주었고, 뒤에서 조롱하는 이들의 코를 납작하게 만들어 주었다.

임전무퇴의 투철한 신념으로 무장하라

신념은 모든 것을 가능하게 하는 '긍정의 힘'의 원동력이다. 신념은 모든 승패를 가늠하게 하는 인생의 성공적인 근원 요소이다. 신념이 있느냐, 없느냐는 매우 중요하다. 신념의 유무에 따라 일의 결과는 달라진다. 골백번을 말해도 정주영은 그 누구도 따라올 수 없는 투철한 신념의 소유자였다. 그는 무에서 유를 창조한 신념의 인물이다. 언제나 그의 가슴엔 올림픽 성화의 불꽃처럼 희망이 불타고 있었던 것이다. 정주영이 이룬 모든 성공은 그의 강인한 신념이 만든 것이다.

| 마인드 스터디 |

- 자신의 능력에 맞는 목표를 정하라. 사람은 누구나 그 사람만의 특기와 장점이 있다. 그 특기와 장점을 최선의 노력으로 모두 사용하라. 그리고 꾸준히 실천하라.

- 한번 정한 목표는 사자처럼 강한 추진력으로 밀고 나가라. 사자가 한번 정한 먹이 감을 놓치지 않는 것처럼 자신이 정한 목표는 어떤 일이 있어도 이뤄내라.

- 임전무퇴의 투철한 정신으로 무장하라. 싸움에 나간 화랑도는 그 싸움에서 승리할 때 까지 절대로 물러서는 법이 없었던 것처럼 자신이 결정한 일은 그것을 성사시킬 때까지 계속 밀고 나가라.

03 success mind
성공의 연금술

불가능을 가능으로 바꿔라,
사람이 하는 일에 불가능은 없다

사람이 하는 일에 불가능은 없다

'사람이 하는 일에 불가능은 없는 것일까?' 라고 물었을 때, '아니다, 인간의 힘으로는 어쩌지 못하는 것이 있다.' 라고 말한다면 그는 성공적인 인생이 되는 것을 꿈꾸지 말아야한다. 모든 성공은 '나는 할 수 있다'는 긍정적인 생각에서 출발하였고, 그 일을 이룰 때까지 그 생각은 바뀌지 않았으며 성공적으로 일을 끝내고 나서도 그 생각은 멈추지 않았다. 오히려 성공에 대한 확신이 더욱 강하게 자리 잡았다.

정주영은 매사를 긍정적으로 바라보고 긍정적으로 생각하고 긍정적으로 실행에 옮겼다. 그의 사전에는 불가능이란 아에 존재하지 않았다. 그에겐 오직 가능만이 있었다. 그의 가능성에 대한 신념은 맨주먹으로도 얼마든지 배를 만들어냈고, 자동차를 만들어냈다. 또한 그가 하는 일은 크고 작던 간에 모두다 성공으로 이어졌다. 이처럼 그가 성공의 신화가 될 수 있었던 것은 불가능을 믿지 않았기 때문이다. 그에게 불가능은 한낱 바람에 뒹구는 낙엽만도 못한 것이었다.

불가능을 믿는 건 자신을 무능한 사람으로 전락시키는 행위이다. 그래서 불가능하다고 믿는 사람은 작은 일조차 제대로 성사시킬 수 없다. 불가능을 믿지 마라. 불가능의 꾐에 빠지지 말고, 불가능하다고 믿는 것을 긍정적이고 능동적인 생각으로 바꿔라. 그렇게 될 때 몸도 마음도 긍정적인 인생으로 거듭나는 것이다.

불가능을 가능으로 이끌어 내는 능력을 길러라

정주영은 조선 산업의 불모지인 대한민국에 조선소를 세우기로 결심을 하였다. 그가 조선소를 세우기로 한 이유엔 조국의 발전에 대한 간절한 열망이 있었기 때문인데, 그 첫 번째 이유는 조선은 리스크가 큰 업종이긴 하지만 많은 이들에게 직장을 제공할 수 있고 많은 연관 산업을 일으킬 수 있는 종합 산업이기 때문이다. 둘째는 외화가 필요했기 때문인데, 현대는 해외진출로 많은 외화를 벌어들였지만 글로벌 기업이 되기에는 그 규모가 턱 없이 모자랐다. 그래서 늘 외화벌이에 대한 갈증으로 목말라 있었다. 그런데다 오래전부터 조선소를 만들 계획을 세우고 있었다.

"현대건설은 종합 건설회사입니다. 우리는 기계, 전기기술, 건축

기술을 가지고 있습니다. 그렇다면 조선소를 한번 만들어 봅시다. 국내 기술로 몇 천만, 몇 억 달러짜리 배를 수주한다면 해외건설보다 오히려 부가가치가 있을 것입니다."

이는 조선소를 세우기 위한 정주영의 간절한 마음이 담긴 말이다. 그런데 그의 생각을 알고 있는 임직원들 중에는 많은 우려를 하는 사람도 있었다. 조선소를 설립한다는 것은 생각처럼 쉬운 일이 아니기 때문이었다. 많은 재원이 있어야 하고 고도화된 기술력과 수출에 대한 확신이 있어야 했다. 현대의 기술력이나 규모는 그때 까지만 해도 세계 유수한 기업들에 비하면 걸음마 수준에 불과했다. 이것이 조선소 설립을 우려하는 임직원들의 고민이었다. 하지만 정주영의 생각은 달랐다. 그의 가슴속엔 이미 완성된 조선소의 웅장한 모습이 그려져 있었다.

정주영이 주위의 많은 우려 속에서도 조선소 설립의 마음을 굳힐 수 있었던 것은 '밥풀 한 알만한 가능성이라도 있으면 그것을 출발점으로 해서 점점 크게 발전시켜 더욱 큰 것으로 만들어 내는 것이 나의 특기입니다.'라는 그의 평소의 지론 때문이었다.

그랬다. 그는 작은 밀알을 수많은 열매가 되게 하는 탁월한 능력을 갖고 있었다. 하지만 앞에서 말했듯이 그런 그의 마음을 간파하고 알아주는 사람은 별로 없었다. 왜냐하면 그의 생각이 때론 돈키호테와도 같아 도무지 상식적으로는 이해가 되지 않았기 때문이다. 조선소를 세우기로 한 그의 발상 자체가 바로 그러했던 것이다. 그는 조선 산업엔 문외한이었지만 건설업을 하는 건설업자적인 발상으로 추진하려했던 것이다. 그러니 주변 사람들이 그의 생각을 어찌 온당한 발상이라고 할 수 있겠는가? 저절로 고개가 갸우뚱 거리는 일이었다. 하지만 놀랍게도 그가 마음먹은 일은 반드시 이루어졌던 것이다. 이를 보더라도 그의 능력은 탁월하다 못해 그저 놀라움만 더 할 뿐이다.

정주영은 조선소를 건설하기 위해 차관이 필요했다. 장기 저리 차관을 통해 조선소를 건설하기로 한 것이다. 그는 차관과 기술력을 모두 유럽에서 구하기로 계획을 세웠다. 그리고는 한 치의 망설임도 없이 맨주먹을 불끈 쥐고 영국 런던으로 날아갔다. 그는 '우리는 조선소가 필요하다. 그런데 우리에겐 돈도 없고 기술력도 부족하다. 그러나 우리에겐 충분한 가능성이 있다. 우리는 불가능을 믿지 않는다. 우리를 도와 달라. 우리를 돕는 것이 장차 '애플도어'사에겐 큰 이익이 될 것이다.'라며 애플도어사의 회장을 만나 도움을 요청했다. 애플도어사의 회장은 정주영의 요청에 난감한 표정을 지었다. 그 이유는 아직 선주도 나타나지 않았고, 한국의 상환능력과 잠재력에 대한 불신 때문이었다. 그는 난감해 하는 애플도어사 회장 면전에서 주머니에 들어있던 5백 원짜리 지폐를 꺼내 테이블 위에 올려놓았다. 그리고는 돈에 그려진 거북선을 보여주며 강한 어조로 말했다.

"회장님, 우리나라는 1500년대에 이미 철갑선을 만들었습니다. 영국의 조선 역사가 1800년대이니까 우리가 300년은 앞섰습니다. 다만 쇄국정책으로 산업화가 늦어진 것뿐이지 아이디어가 녹슨 것은 아닙니다. 그러니 우리를 믿고 도와주십시오."

"하지만 그것은 어디까지나 과거일 뿐이고 지금은 그렇지 않잖느냐. 우리가 믿을 수 있는 실체적인 것은 없고, 오직 계획만 보여주니 우리가 어떻게 믿을 수 있느냐"는 애플도어사 회장의 논리적인 말에 정주영의 입술은 바짝 타들어갔지만, 여기서 밀리면 끝장이라는 심정으로 다시 한 번 강하게 밀어붙였다.

"그렇지 않습니다. 다른 사람들은 몰라도 나는 반드시 해 낼 수 있습니다. 나에겐 불가능은 없습니다. 나에겐 오직 가능성만 있습니다. 이것이 내가 다른 사람들 하고 다른 점입니다."

그리고 이어 '해보지도 않고 왜 안 될 거라는 생각만 하느냐. 나는 이 세상에 사람이 해서 안 되는 일은 없다고 믿는다.'라며 거듭된 주장을 펼치자 넌지시 바라보던 애플도어사 회장은 고개를 끄덕이고 빙그레 웃으며 당신을 믿겠다고 말했다. 그리고는 정주영이 버클레이은행으로부터 차관을 도입할 수 있도록 도움을 주었다.

정주영은 버클레이은행 중역 식당으로 초대되었다. 해외담당 총책임자인 부 총재는 대뜸 정주영에게 '당신 전공이 뭐요?' 하고 물었다. 그러자 정주영은 '내 사업 계획서를 보았느냐? 그 사업계획서가 내 전공이다.'라고 대답했다. 그리고 이어 말하기를 '사실은 어제 옥스퍼드대학에 그 사업계획서를 가지고 가서 학위를 달라고 하니까 한번 들쳐보고는 두말없이 학위를 줘서 어제 막 경제학 박사 학위를 받았다. 그 사업계획서가 내 학위논문이다.'라고 말하자 웃음이 터져 나왔다. 그의 기발한 유머로 분위기는 일순간 싹 바뀌었다.

버클레이은행 부총재는 사업계획서를 수출 보험국으로 보내겠다고 약속을 했다. 왜냐하면 영국은행은 차관을 줄 때 영국 수출보증기구(ECGD) 총재의 보증을 받아야 했기 때문이다. 차관해 간 나라에서 상환을 받지 못하면 영국 정부가 책임지고 보장해 준다는 보증이었다.

정주영은 버클레이은행의 소개로 수출보증기구 총재를 만났다. 총재는 모든 것을 다 인정한다면서도 한 가지 문제를 지적하며 '나 같으면 해외 유수한 조선소를 놔두고 배를 만들어 본 경험이 없는 현대를 택하지 않겠다.'고 말했다. 그러자 그는 이렇게 말했다.

"그래요, 상식적으로 보면 당연히 그럴 겁니다. 하지만 처음부터 모든 것이 갖춰진 기업은 별로 없습니다. 어느 기업이나 처음엔 다 작고 미흡하지만 노력 여하에 따라 성공여부가 결정된다고 믿습니다. 우리는 성공할 준비가 되어 있습니다."

정주영의 자신감 넘치는 모습에 한풀 꺾인 영국 수출보증기구 총재는 배를 살 사람이 있다는 확실한 증명을 가지고 오라고 했다. 그러면 돈을 차관 해주겠다는 것이었다.

정주영은 일단 알았다고 말은 했지만 입술은 바싹 바싹 말랐다. 앞길은 캄캄했다. 한 산을 넘으면 또 다른 산이 기다리고 있었고, 그 산을 넘으면 또 다른 산이 기다리고 있는 그야말로 첩첩산중이었다. 그러나 그는 물러서지 않았다. 끝까지 해보자고 입술을 깨물었다. 그에겐 불가능이란 없었기 때문이다. 그는 자신에게 배를 사주겠다는 선주를 찾아야만 했다. 그러나 그에게 있는 건 조선소를 지을 백사장을 찍은 사진 한 장이 고작이었다.

아마 여러분들도 보았을 것이다. 텔레비전에서 한 장의 사진을 들고 광고하며 웃던 그의 모습을… 나는 그 장면을 보며 가슴이 아프면서도 통쾌했다. 가슴이 아픈 건 너무도 어렵던 그 시절을 생각했기 때문이고, 가슴이 통쾌한 건 한국인의 도전정신을 당당하게 보여주었기 때문이다. 이는 비단 나만의 생각은 아닐 것이다.

정주영은 그 사진을 들고 선주들을 찾아다니며 설득을 하기로 마음먹었다. 그야말로 봉이 김선달이 따로 없었다. 그는 다른 조선소보다 싸게 만들어주겠다고 선주들을 설득하기 시작했다. 그런 그의 행동은 합리적이고 논리적인 서양인 선주들에게는 한마디로 어처구니가 없는 일이었다. 많은 선주들이 그를 향해 비웃었다. 하지만 그는 절대로 포기 하지 않고 끝까지 최선을 다했다. 그는 '뜻이 있는 곳에 길이 있다'는 말을 믿고 열정을 다해 선주를 찾아 다녔다. 그러자 놀라운 일이 벌어졌다. 그에게 희망의 길이 열렸다. 정주영은 자신의 마음을 알아주는 한 선주를 만나게 된 것이다. 그는 그리스의 거물 해운업자인 리바노스였다.

"당신은 나에게 확실한 실증은 보여주지 못했지만, 나는 당신의 열정을 믿습니다. 당신과 현대에 대한 나의 믿음이 반드시 실현 될 수 있도록 멋진 모습을 보여주길 기대하겠습니다."

그는 이렇게 말하며 26만 톤짜리 배 두 척을 주문했다. 그리고는 계약금으로 우리나라 돈 14억 원을 건네주었다.

나는 리바노스가 정주영에게 배 두 척을 선뜻 주문한 것에 대해 '역시 크게 노는 사람은 큰 사람을 알아보는 구나.' 라는 생각을 한다. 생각해보라. 아무시설 하나 되어있지 않은 썰렁한 백사장 사진 한 장만 달랑 들고 찾아간 정주영에게 배를 두 척씩이나 주문해 주다니, 만일 당신이라면 어떻게 하겠는가? 당신도 리바노스처럼 정주영을 믿을 수 있을까? 이런 질문을 100사람이 받는다면 하나같이

'No'라고 하지 않을까. 이런 경우 'Yes' 라고 하는 사람은 정신적으로 문제가 있는 사람으로 취급받을 수도 있을 테니까 말이다.

정주영은 신나고 감사한 일이었으나, 리바노스 입장에선 모험과 다름 없었을 것이다. 만에 하나 잘못되면 시간을 요하는 사업계획에 막대한 차질을 초래할 수 있기 때문이다. 이런 관점에서 볼 때 리바노스는 확실히 대단한 사람이 아닐 수 없지만, 맨주먹으로 일을 성사시킨 정주영은 그 보다 더 대단한 사람이 아닐까 한다.

정주영은 너무도 감사해 눈물이 났다. 열정과 신념 하나만으로 유럽시장을 돌며 뛰어다닌 보람이 현실로 나타난 것이다. 그는 열정과 신념만 있으면 어느 누구에게도 통한다는 진리를 터득할 수 있었다. 그 후 정주영은 밤잠을 설쳐가며 배 만드는 일에 총력을 기울였다. 그리고는 마침내 길이 270M, 높이 27M의 배를 만들어냈다. 이는 하나의 기적이었다. 아니, 기적이라고 말 할 수밖에 없었다.

그는 자신 스스로가 너무도 대견하였다. 넘쳐흐르는 흥분을 감추

◉ 정주영식 불가능을 가능으로 이끌어 내는 법

01. 1%의 가능성만 있다면 가능하다고 믿고 행하라.
02. 해보기 전엔 안 된다는 생각을 버려라.
03. 실패를 두려워하지 마라.
04. 성공한 모습을 마음에 그려라.
05. 뜻이 있는 곳에 길이 있음을 믿어라.

지 못할 만큼 좋았다. 그를 조롱하고 비웃고 무모한 짓이라며 손가락질을 했던 사람들에게 멋지게 갚아주었던 것이다.

이를 계기로 현대는 세계 제일의 조선 산업을 꿈꾸었고, 드디어 세계 제일의 조선소가 되었다.

꿈을 꾸는 것은 쉽다. 그러나 그 꿈을 실현시키는 것은 무척이나 어렵다. 그러기에 꿈은 아무나 이룰 수는 없는 것이다. 꿈을 이루기 위해서는 반드시 그 꿈을 이루겠다는 강한 신념과 믿음으로 밀고 나가야 한다. 그리고 불가능을 생각해서는 안 된다. 항상 할 수 있다는 믿음으로 가득 차 있어야 한다.

정주영은 바로 그런 사람이었다. 때때로 그의 뜻이 너무 엉뚱하고도 확고하다보니 보통 사람들로서는 그의 뜻을 잘 이해하지 못할 때가 많았다. 그런데 그것이 보통사람들과 다른 그만의 장점이었다.

자신을 믿는 사람이 돼라

IBM의 창업자 토마스 왓슨! 그는 컴퓨터 혁명을 이끈 불세출의 CEO 이다. 그가 1960년대에 컴퓨터 개발을 꿈꾸고 도전장을 내밀었을 때, 많은 사람들은 그를 무모한 사람이라고 손가락질을 하며 비아냥거렸다. 그도 그럴 수밖에 없었던 것은 컴퓨터 개발에는 수백만 달러를 투자해야만 했기 때문이다. 이 돈은 그 당시로써는 어마어마한 돈이었다. 그런데 이 큰 돈을 확실한 성공도 보장 되지 않은 사업에 투자한다고 하니, 다들 그를 정신이 이상해진 게 아니냐는 식으로 바라보았던 것이다.

그러나 그의 생각은 달랐다. 에디슨이 멍청할 만큼 무모해 보이는 연구를 통해 성공을 이끌어냈듯이 왓슨 또한 모든 것을 감내해야 했다. 그는 자신이 선택한 결정을 믿었다. 자신이 자신을 믿지 못하면 그 일은 해보나마나 실패할 게 뻔하다. 물론 그에게도 두려움이 있었을 것이다. 만에 하나 잘못되기라도 하는 날엔 모든 것이 끝장이었으니까. 하지만 그는 자신의 마음속에 도사리고 있는 두려움을 걷어내고 자신감으로 가득 채웠다. 그러자 한결 마음이 가벼워졌다. 그리고 그는 언제나 할 수 있다는 신념으로 연구에 박차를 가했다. 그러자 연구 결과가 서서히 나타나기 시작했다. 그는 이에 더욱 용기를 내어 성공으로의 질주를 멈추지 않았다. 그리고는 마침내 360기종 컴퓨터를 만들어내는데 성공하였다.

놀라운 꿈이 이루어지는 순간이었다. 아니, 그것은 기적과도 같은 일이었다. 그가 이뤄낸 연구를 바탕으로 컴퓨터는 진화를 거듭한 끝에 오늘날과 같은 혁신을 이끌어 낸 것이다. 생각해보라. 왓슨을 무모한 사람이라고 손가락질을 하며 비아냥거렸던 사람들의 초라한 모습을… 왓슨은 멋지게 그들의 비웃음을 날려버리고 세계사에 한 획을 그은 멋지고도 유쾌한 인생이 되었다.

미국의 저명한 강사이자 저술가인 노만 V. 필 박사는 다음과 같이 말했다.

"자기 자신을 믿어라. 자기의 재능을 인정하라."

자신이 자신을 믿는 다는 것은 참으로 중요하다. 자칫 이 말을 오해할 수도 있는데, 오만 하라는 것이 아니다. 자신의 일에 최선을 다하고 부끄럽지 않도록 하라는 말이다. 자신이 자신을 믿는 것처럼 행복한 것은 없다. 그것은 자신에 대한 최고의 찬사이기도하다. 그런데 자신을 믿지 못한다면 얼마나 마음 아픈 일인가? 대개의 사람들은 자신의 것보다는 남의 것에 더 많은 관심을 보이고 닮기를 원한다. 이는 곧 자신을 스스로 믿지 못하기 때문에 생기는 일이다. 이런 사람들은 주체성이 없다. 늘 남의 것을 흉내만 내려고 한다. 그래서 이런 사람들에게 창의력을 기대할 수 없다. 자신에 대해 스스로 믿을 수 있도록 해야 한다. 그렇지 않으면 개성도 없고 주체성이 결여된 채 살아갈 수밖에 없다.

성공한 사람들은 자신만의 개성이 있고 주체성이 뚜렷하다. 남의 것을 참조하여 새로운 것을 만들어 낼 줄 안다. 하지만 남의 것을 그대로 흉내 내는 것은 좋아하지 않는다. 그것을 매우 수치스럽게 여긴다. 이런 강한 주체성이 그 사람을 성공적인 인물이 되게 하는 것이다.

"언제나 그랬듯이 스스로 포기하지 않는 이상 방법이 있게 마련

자신을 믿고 신뢰하는 자세

01. 자신을 소중히 하고 함부로 대하지 마라.
02. 자신에 대해 책임감을 가져라.
03. 자신 만큼 자신을 사랑하는 사람이 없음을 믿어라.
04. 자신의 능력에 대해 과소평가하지 마라.
05. 자신의 개성을 존중하고 살려라.

이라는 자신감과 낙관적인 사고방식을 가져야합니다." 이는 정주영이 맨주먹으로 허허벌판 백사장 사진을 들고 세계제일의 조선소를 만들어내고 나서 한 말이다.

  그는 절망을 몰랐다. 토마스 왓슨이 그랬던 것처럼 그 역시 남들이 보기에 무모한 일을 수도 없이 벌인 사람이다. 하지만 그는 언제나 자신의 선택을 믿었고, 마침내는 불신의 장막을 걷어내고 성공을 이끌어 냈던 것이다.

| 마인드 스터디 |

- 불가능을 가능으로 바꿔라. 불가능하다는 생각은 가능한 모든 일도 비관적으로 만들어버린다. 불가능하다는 생각을 경계하라.

- 불가능을 가능으로 이끌어 내는 탁월한 능력을 길러라. 이것이 성공으로 가는 비밀이다.

- 자신을 믿는 사람이 돼라. 스스로 자신을 믿지 못하면 그 어떤 것도 성공적으로 이끌어 낼 수 없다. 자신을 믿고 개성적이고 창의적으로 실행하라. 사람이 할 수 없는 일은 이 세상에 없다.

남들이 기적이라고 믿는 것을
당연한 일로 이끌어내라

기적에 기대지 말고 자신의 노력을 믿어라

정주영은 기적을 믿지 않았다. 종교에는 기적이 있을 수 있겠지만 정치와 경제에는 기적이 있을 수 없다고 말했다. 이는 경제는 기적으로 이루어지는 것이 아니라, 아이디어를 내고 땀 흘리며 실천할 때만 가능하다는 것이다. 역시 기업인다운 자세이다. 그런데 많은 사람들은 기적을 바라고 요행을 바란다. 로또가 당첨 되었으면 좋겠다는 둥, 하늘에서 돈벼락이 쏟아져 내렸으면 좋겠다는 둥 현실적으로 가능성이 희박한 생각들로 가득 차 있음을 종종 볼 수 있다.

이런 잡다하고 헛된 생각들은 자신이 충분히 할 수 있는 일도 손을 놓아버리게 하고, 가능성이 있는 일도 부정적으로 만들어버려 수동적이고 비현실적인 사람으로 만든다. 그 일례로 카지노에는 일확천금을 꿈꾸는 사람들로 북새통을 이루고, 로또 복권 판매점은 요행을 바라며 드나드는 이들로 문지방이 닳아 반질반질하다. 어디 그뿐인가. 사행성을 조장하는 게임 등 갖가지 불법이 난무한다. 그러다 보니 그곳을 드나들다 하루아침에 집을 날리고 가족을 잃고 직장마저 쫓겨나 알거지가 되어 거리를 배회하는 사람들이 우리사회에 문제가 되고 있다. 사람은 누구에게나 그 사람만의 정점이 있다. 요행을 바라고 기적을 바라는 마음은 이런 장점을 쓰레기처럼 만들어버린다.

정주영은 기적과 요행을 바라는 마음은 아무짝에도 쓸모없는 낡고 불필요한 생각의 찌꺼기라는 것을 진작 간파하고, 땀 흘리고 노력하는 것을 진정한 가치로 여겼다. 그래서 그는 '어떻게 되겠지, 그

◉ 기적에 대한 정주영의 생각

01. 기적은 종교에서나 있다. 경제에서 기적은 없다.
02. 자신의 노력을 믿어라.
03. 허황된 꿈과 생각을 버려라.
04. 높이 나는 새가 멀리보고 일찍 일어나는 새가 먹이를 먼저 차지한다.
05. 요행을 바라는 것은 낡고 불필요한 생각의 찌꺼기이다.

렇게 됐으면 좋겠다'는 등의 불확실한 말들을 싫어했다. 그 반면에 '하면 된다, 나는 꼭 할 수 있다'는 등의 확실성 있는 말들을 좋아했다. 그리고 그런 생각을 가진 사람들을 좋아했다.

정주영은 기적은 종교에서나 있는 일이라고 했지만 종교에서도 기적은 그냥 이루어지지 않는다. 자신이 원하는 목표를 위해 정성 어린 마음으로 열심히 기도하고 노력해야만 이루어지는 것이다. 이 세상에 그저 되는 것은 아무것도 없다. 허황된 꿈과 헛된 생각을 과감히 날려버려라. 그것은 단지 쓸데없는 공상에 불과할 뿐이다. 진정으로 자신이 세운 목표를 이루어 성공한 인생이 되고 싶다면 목숨을 거는 자세로 자신이 하고자 하는 일에 최선을 다해야한다. 높이 나는 새가 멀리보고 일찍 일어나는 새가 먹이를 먼저 차지하는 법이니까.

허황된 꿈과 헛된 생각을 날려버려라

이 세상 그 어디에도 저절로 되는 것은 아무 것도 없다. 작고 보잘 것 없는 것도 다 과정이 있고, 그 과정마다 노력과 수고가 뒤 따라야 한다. 그렇지 않고서는 작은 결과물도 얻을 수 없는 것이 세상의 법칙이다.

정주영은 이를 너무도 잘 아는 까닭에 허황된 꿈과 헛된 생각을 멀리하고 보다 구체적이고 실제적인 일에 관심을 집중시켰다. 그는 가난한 농부의 장남으로 태어나 어렸을 적부터 논일은 물론 밭일을 하며 아버지를 도와야 했다. 그런데 농사라는 것은 씨를 뿌리는 만큼 거두는 것으로(물론 장마나 가뭄 등의 천재지변으로 인해 종종 어려움을 겪기도 하지만) 매우 실제적이고 현실적인 일이 아닐 수 없다. 그는 농사를 지어 본 경험상 농사는 허황된 것이나 헛된 생각으로 지을 수 없다는 것을 너무도 잘 알았던 것이다.

경험은 참 중요한 것이다. 경험은 학문적인 이론이 아니라 실질적이며 구체적인 것에서 얻어지는 정신적 결과물이다. 이런 경험들이 정주영에겐 산교육이 되어 그의 생각을 현실적이고 실제적으로 정립시켰던 것이다. 이러한 그의 생각은 그가 할 수 있다고 믿는 것은 그것이 무엇이든 다 이루어 내게 한 원동력이 되었다.

경부고속도로를 건설할 때 일이다. 그 당시 우리나라에는 고속도로가 없었던 관계로 국토의 대동맥이라는 고속도로 건설이 절실하게 필요했다. 이에 대해 많은 사람들의 반대가 있었지만, 그 필요성을 잘 알고 있던 박정희 대통령은 반대를 무릅쓰고 경부고속도로 건설을 지시했다. 현대는 고속도로건설비 산출을 맡는데, 정부는 현대가 제시한 건설비 책정액의 10%를 예비비로 추가해 430억 원을 총 건설비로 책정했다.

1968년 2월 1일, 드디어 경부고속도로의 기공식이 열렸다. 총길이 428Km의 고속도로를 3년 안에 건설한다는 것은 국가나 기업에게 대단한 모험이었지만 실행으로 옮긴 것이다. 그는 공사기간을 단축하는 것이야말로 돈을 버는 거라는 생각을 하고 현장을 독려하는 전략을 수립했다. 그는 고속도로 건설을 위해 당시로서는 막대한 돈인 8백만 달러를 들여 중장비 1천4백대를 도입했다. 그리고 그는 작업현장에 간이침대를 갖다 놓고 작업을 독려했다.

정주영은 제대로 잠을 잘 수가 없었다. 그의 건강을 염려하는 임직원들의 만류에도 아랑곳 하지 않고 뜬눈으로 밤을 보내는 날이 많았다. 그 일이 그에겐 그 어떤 일보다도 소중한 일이었기 때문이다. 그는 지프차를 타고 이곳저곳을 누비고 다니는 동안 틈틈이 쪽잠을 잤다. 그 결과 목 디스크에 이상이 생겨 한동안 고생을 해야만 했다.

어려운 가운데서도 일은 순조롭게 진행되었는데 옥천공구의 당제터널 공사가 난공사였다. 옥천공구는 워낙 지세가 험한데다가 지층이 경석이 아닌 절암 토사로 된 퇴적층이라 굴을 파기가 매우 힘들었다. 작은 충격에도 흙더미가 와르르 무너져 내렸던 것이다. 낙반사고도 빈번히 일어나 인명피해와 물적 피해가 이만저만이 아니었다. 공사 진도도 하루에 겨우 2M 정도였고, 더 나쁜 날은 30Cm에 불과했다. 무려 열세 번의 낙반 사고를 겪었고, 공기를 두 달밖에 안 남겼는데도 당제터널 상행선은 총길이 590M 중 350M에 머물러있었다. 이는 무척 염려스러운 일이었다. 그런데 정부에서는 일의 진척이 왜 이리도 늦느냐고 독촉이 이만저만이 아니었다.

정주영은 비상체제에 들어갔다. 그는 흑자를 포기하고 명예를 선택했다. 돈은 다시 벌면 되지만 한 번 잃은 명예는 다시 회복하기가 그만큼 힘들다는 것을 너무도 잘 아는 까닭이었다. 그는 보통시멘트보다 20배나 빨리 굳는 조강시멘트 생산에 전력투구하였다. 터널현장에서 단양시멘트공장까지는 200Km 거리인데 대대적인 수송 작전을 펼치고, 작업조도 2개조에서 6개조로 늘려 최선의 노력을 기울였다. 그 결과 '하늘은 스스로 돕는 자를 돕는다' 는 말처럼 그의 끈질긴 노력으로 25일 만에 공사를 완공시키는 놀라운 성과를 이뤄냈다. 그래서 그런 업적을 기념하여 추풍령에 기념비를 세웠다. 기념비엔 다음 글귀가 새겨져 있다.

'우리나라 재원과 우리나라 기술과 우리나라 사람의 힘으로 세계 고속도로 건설사상 가장 짧은 시간에 이루어진 길'

정주영은 남들이 기적이라고 믿는 것을 한 번도 기적이라고 믿지 않았다. 사람들이 기적이라고 믿는 것은 그들이 그것을 이뤄낼 수 없기 때문에 그렇게 표현 할 수밖에 없는 것이라고 생각할 뿐이었다.

현실을 직시하는 눈을 가져라

젊은이들에게 선풍적인 인기를 끌었던 워크맨을 기억할 것이다. 이 워크맨의 필요성을 정확히 예측하고 개발을 지시했던 소니의 회장 아키토 모리타! 그는 앞으로 어떤 제품이 필요한가를 곰곰이 생각하던 중 음악을 좋아하는 젊은이들을 떠올렸고, 많은 사람들의 반대를 물리치고 시장조사 결과도 부정적인데, 워크맨 개발을 서둘러야겠다고 결심을 한다. 그리고 얼마 후 그는 개발 지시를 내렸다. 연구원들은 밤낮으로 연구에 몰두 했고, 마침내 그토록 원했던 워크맨을 개발해 냈다. 그 결과는 어떠했을까? 한 마디로 놀라움 그 자체였다. 워크맨을 본 젊은이들은 너나할 것 없이 워크맨 구입에 열을 올렸던 것이다.

아키토 모리타는 놀라운 결과에 대해 꿈을 꾸듯 어안이 벙벙해 했다. 하지만 그는 곧 꿈이 아니라 현실이라는 사실에 크게 고무 되었다. 소니는 워크맨의 성공으로 다시 한 번 전 세계에 자신들의 존재를 확실하게 각인시켰다.

여기서 우리가 주목해야 할 것은 아키토 모리타의 현실을 직시하는 놀라운 능력이다. 앞을 내다보는 그의 예지의 능력은 어려움에 처한 소니가 예전의 명성을 되찾는데 크게 기여했다.

성공한 사람들의 특징 가운데 하나는 그들은 현실을 읽어내는 눈이 탁월했다는 것이다. 현실을 바로 본다는 것은 자신이 하는 일에 대해 그만큼 정확하게 예측하는 장점으로 작용하기 때문이다.

정주영 또한 현실을 정확하게 짚어내는 능력은 타의 추종을 불허한다. 그는 마치 앞날을 예견이라도 하듯 정확하게 꿰뚫어 보았다. 참으로 놀라운 통찰력이 아닐 수 없다. 그의 현실을 직시하는 눈은 대한민국 기업인들 중 단연 최고였다.

현실을 바로 보고 정확한 판단을 내리는 능력이야 말로 기업인이 지녀야 할 가장 바람직한 자세이다. 하루가 다르게 변화하는 경제

현실을 직시 하는 눈을 기르는 법

01. 각 분야에 대해 풍부한 독서를 하라.
02. 신문을 보고 뉴스를 들어라.
03. 남의 얘기를 진지하게 경청하라.
04. 분주한 일에 정신을 빼앗기지 말고 사색하는 습관을 길러라.
05. 게임이나 사행성 등에 빠지지 마라.

의 흐름을 놓친다는 것은 기업에겐 매우 위협적인 요소가 될 수 있다. 이처럼 현실을 바로 보는 눈은 기업인뿐만 아니라 회사원, 교사, 공무원 등 누구에게나 필요한 삶의 자세이다. 현실을 직시하는 눈을 기르기 위해서는 천성적으로 타고 나야하는 것도 있지만, 풍부한 독서와 신문, 뉴스 등을 보고 깊은 사색을 통해서도 가능하다.

  요즘 많은 사람들이 책 읽기를 싫어하고 사색하는 것을 그다지 즐기지 않는다. 이런 원인이 치열한 경쟁으로 인한 것이기도 하지만, 각종 게임을 비롯해 단순한 놀이를 좋아하기 때문이기도 하다. 뿐만 아니라 듣는 귀는 약하고 말하는 것에만 관심을 두기 때문이다. 그러다 보니 남의 얘기를 진득하게 경청하지 못하는 경향이 있다. 이런 잘못된 생활 자세를 고치게 된다면 더 나은 길로 나아갈 수 있을 것이다. 자신이 원하는 분야에서 성공적인 인생이 되고 싶다면 현실을 직시하고 남들이 기적이라고 믿는 것도 당연한 일로 이끌어내라.

| 마인드 스터디 |

- 기적을 믿기보다는 자신의 노력을 믿어라. 기적이나 요행을 바라게 되면 자신에게 있는 능력까지 소멸시킬 수 있다. 자신이 성공을 꿈꾼다면 자신의 능력을 최대한 계발시켜라.

- 허황된 꿈과 헛된 생각을 버려라. 허황된 꿈과 헛된 생각은 자신을 무능력한 사람으로 만든다. 이를 경계하라.

- 현실을 직시하는 눈을 길러라. 무슨 일을 하던 현실을 정확하게 판단하는 눈이 밝아야 자신이 하는 일을 성공적으로 이끌어 낼 수 있다. 많은 독서를 하고 신문과 뉴스 보는 것을 즐겨라. 세상을 보는 상식의 깊이가 현실을 직시하는 눈을 길러준다.

독창적이고 풍부한 창의력을 길러라, 모방을 해서는 남을 능가할 수 없다

창의력은 무를 유로 만드는 원천이다

한 사람의 뛰어난 창의력은 수십만 아니 수백만을 먹여 살린다. 마이크로소프트사의 창업주인 빌게이츠! 그의 창의적 아이디어는 전 세계의 컴퓨터산업에 획기적인 금자탑을 쌓아 올리며 그를 세계 최고부자가 되게 했다. 또한 그가 설립한 마이크로소프트사에 종사하는 수많은 직원들과 그들의 가족에게 빛나는 삶의 터전을 제공해 주었다. 그리고 미국의 지식산업을 일취월장 끌어올리는데 혁혁한 공을 세웠다. 단 한 사람인 빌게이츠의 탁월한 창의력은 무한한 삶의 세계를 열어놓았던 것이다. 그래서 창의력을 '무에서 유를 창조하는 힘의 원천' 이라고 한다.

현대는 지식산업의 시대다. 지식산업은 창의적인 아이디어가 필수적 요소이다. 시시각각 변화하는 시대의 흐름을 주도하기위해서는 번뜩이는 아이디어가 필요하다. 아이디어에 따라 결과는 천차만별로 나타난다.

창의적인 아이디어로 전 세계에서 가장 독보적인 여성 CEO가 된 인드라누이!

"여자로 그리고 외국인으로 태어났다면 다른 사람보다 더 영리해야 합니다." 이 말을 한 사람은 펩시코 회장 인드라 누이(Indra K. Nooyi)이다. 그녀는 아메리칸 드림의 전형으로 손꼽히는 여장부이다. 인드라 누이는 인도에서 태어나 대학을 나온 이방인으로서, 내로라하는 쟁쟁한 백인 남자들의 경쟁을 뚫고 펩시코 최고의 자리에 올랐다. 펩시코 회장 자리에 앉은 그녀는 만년 2등이던 펩시코가 코카콜라를 누르고 1등을 차지하는데 가장 큰 공헌을 하였다.

펩시코가 코카콜라를 이긴 건 무려 100년 만의 일이었다. 펩시코로서는 일대의 혁신이었고 기적 같은 일이었다. 인드라 누이는 웰빙 바람에 따른 세계시장의 흐름을 정확히 예측하고 건강음료와 식품 등 분야로 사업을 다양화 시킬 것을 강력히 주장하여 자신이 기획한 사업안을 성사 시켰던 것이다. 그녀의 예측은 자로 잰 듯 아주 정확했고 100% 성공을 거두었다.

인드라 누이는 인도 남부 첸나이 중산층 가정에서 태어났다. 그녀는 마드라스 크리스천대학에서 화학을 전공하고 인도 경영대에서 경영학 석사 학위를 받았다. 그녀는 학교를 졸업한 후 직장인이 되었다. 하지만 그녀가 품은 꿈을 실현하기엔 조국 인도는 경제적으로나 사회적으로 너무나도 열악한 나라였다.

그녀는 자신 안에 숨 쉬고 있는 자아에게 항상 말을 걸었다. '나는 이렇게 살 수 없다. 난 적어도 내 꿈을 실현 시켜야 한다'라고…

그녀는 자신의 꿈을 이루기 위해 1978년 아메리칸드림을 꿈꾸며 미국 땅을 밟았다. 미국에 온 그녀는 예일 대에서 다시 경영학 석사 학위를 받았다. 그녀에겐 강력한 추진력과 실천력이 있었다. 게다가 빠른 두뇌가 있었다. 인드라 누이는 보스턴컨설팅그룹과 모토로라 등에서 전략기획 분야 일을 담당하며 능력을 인정받았다. 그녀의 꿈은 천천히 그러나 아주 분명하게 진행되고 있었다. 그런 그녀에게 보다 나은 다른 기회가 왔다. 인드라 누이가 펩시코에 합류할 당시 GE(제너럴 일렉트릭)에서도 그녀에게 러브 콜을 보내왔다.

"잭 웰치는 내가 아는 최고의 CEO이고, GE는 아마도 세상에서 가장 뛰어난 회사일 겁니다. 하지만 나는 당신과 같은 사람이 꼭 필요합니다. 펩시코를 당신을 위한 특별한 공간으로 만들겠습니다."

이 말은 펩시코의 CEO 웨인 칼로웨이가 인드라 누이를 픽업하기 위해 한 말이다. 그만큼 그녀는 전 세계적인 기업들의 뜨거운 관심의 인물이었다. 그녀는 자신의 진가를 알고 최고의 대우를 약속한 펩시코를 선택했다. 그리고 자신의 꿈을 이루기 위해서는 펩시코 같은 기업이 자신에게 필요한 존재라고 생각했던 것이다.

그녀는 자신의 꿈을 이루기 위해 자신의 일에 온 정열을 쏟았다. 그녀는 마치 일에 중독된 사람처럼 몰두하였다. 그녀의 장점은 정확한 데이터와 탁월한 사업 분석능력, 뛰어난 창의력이었다. 매번

기획한 일은 대단한 성과를 거두었고, 그것은 곧 그녀에 대한 가치를 한껏 높여주었다.

그녀는 펩시코 회장이 되어서도 자연스러운 분위기에서 회의를 주도하였고, 격의 없는 대화를 하는 등 커뮤니케이션을 중시했다. 그래서 그녀에게 내려진 평가는 '감성지능형 리더십 CEO'이다.

인드라 누이는 '당신이 새로운 사업 모델을 개발했다고 생각하는 순간, 그것은 사라진다. 왜냐하면 누군가 그것을 모방 할 것이기 때문이다.'라고 말했다. 과연 최고의 CEO 다운 생각이다.

자신의 꿈을 이루기 위해 미국을 택한 인드라누이. 전 세계 최고의 지식인들이 활개를 치는 드넓은 미국에서, 그것도 여자의 몸으로 날고 긴다는 무수한 남자들을 물리치고 성공신화를 새롭게 쓴 인드라누이의 최대의 장점은 바로 무에서 유를 만드는 독창적이고 풍부한 창의력이다. 빌게이츠의 경우나 인드라누이의 경우를 보더라도 한 사람의 기발한 창의력이 얼마나 위대한 능력을 발휘하는지를 똑똑히 알 수 있을 것이다.

우리나라는 자원이 턱없이 부족한 나라이다. 이런 현실에서 우리나라가 경쟁 국가를 물리치고 살 수 있는 길은 오직 창의력을 키우는 일이다. 독창적인 창의력은 놀라운 성과물을 만들어내는 생산 에너지의 근원이다.

정주영은 창의력의 중요성을 일찍이 간파하고 늘 창의력을 길러야한다고 말했다. 이는 창의력의 놀라운 힘을 너무도 잘 아는 까닭이다. 그런데 어떤 이들은 정주영을 밀어붙이기식 '저돌 형 기업인'으로 꼽지만, 그래서 그를 미래형 기업인으로는 부적격하다고 말하지만, 그것은 그를 잘 모르고 하는 말이다. 그는 아이디어 뱅크이다. 세계의 유수한 대학에서 유학을 한 임직원들도 그의 탁월한 창의력엔 못 미친다. 각종 데이터를 근거로 한 수십 수백 명의 석·박사들의 공동 아이템도 그를 따르지 못할 때가 많았다. 이를 보면 정주영의 능력이 어떠했다는 것을 잘 알 것이다. 그런데 그런 정주영을 무식쟁이 냄새가 풀풀 나는 저돌적인 기업인이라고 하는 것은 그에 대한 지독한 폄훼이며 실례가 아닐 수 없다. 그는 창조적 경영마인드로 현대를 이끌며 초일류기업이 되게 했던 것이다.

지금은 아이디어 경쟁시대이다. 오늘은 새로운 것이지만 자고나면 낡은 것이 되고 마는 초스피드 경쟁시대가 현대사회이다. 이러한 시대에서 우리가 잘 살 수 있는 길은 다른 국가에서 해 낼 수 없는 우리만의 독창적인 창의력으로 새로운 제품을 개발해 내는 것이다.

이는 개개인에게도 마찬가지이다. 나만이 가지고 있는 새로운 생각은 나를 뛰어난 능력자로 만들고, 자신의 인생을 놀라운 세계로 이끌어 낸다. 남들이 해 놓은 것을 모방하며 뒤따라가는 사람은 늘 남의 뒤만 쫓아가다가만다. 그러나 남을 앞질러 가는 사람은 늘 남을 이끌고 가며 리더 노릇을 한다. 이런 모든 것들을 가능케 하는 것이 바로 창의력이다.

당신이 인생을 풍요롭게 살고 싶다면, 그래서 의미 있는 인생으로 남고 싶다면 당신을 독창적이고 창의력 넘치는 사람으로 발전시켜라.

끊임없이 창의력을 계발하라

정주영은 맨주먹으로 성공신화를 쓴 우리나라 최고의 기업인이다. 그는 자신에게 아무것도 없음에 대해 불평하지 않았다. 그에게 있어 가난은 조금 불편한 일일 뿐 하나도 문제가 되지 않았다. 가난은 열심히만 노력하면 벗어 날 수 있는 아무것도 아닌 것이라고 여긴 것이다.

아무것도 가진 게 없는 그는 무언가를 할 수 있는 종자돈이 필요했다. 그래서 돈을 벌기로 마음먹었다. 건강한 몸이 그에겐 돈을 벌 수 있는 유일한 수단이었다. 그는 부두노동자를 시작으로 해서 쌀집 배달원이 되었고, 쌀가게 주인에게 신용을 얻고 쌀가게를 인수하여 운영하였다. 이렇게 그는 자신이 창의적으로 할 수 있는 일의 바탕을 만들어나갔다. 그리고 기회가 왔을 때 먹이를 놓치지 않는 솔개처럼 재빠르게 움직이며 일을 진행시켰다. 그렇게 해서 그가 추진하는 사업들은 하나 둘씩 날개를 달고 급성장하기 시작했던 것이다.

사우디아라비아 주베일 산업항 건설 때의 일이다. 방파제 호안공사에 쓸 스타비트 16만개를 만들어야 하는데 하루에 겨우 200개씩밖에 만들어내지 못했다. 하루에 200개씩 16만개를 만들어내려면 꼬박 800일이나 걸린다. 이는 공사기간을 단축하려고 계획하는 정주영에게는 매우 비능률적이고 답답한 일이었다. 그러던 어느 날, 현장에 들른 정주영은 믹서트럭이 콘크리트를 직접 스타비트 거푸집에 쏟아 붓는 것이 아니라, 일일이 크레인 버켓으로 퍼 넣고 있는 것을 보게 되었다. 그것을 보고 이상히 여긴 정주영은 왜 믹서트럭이 직접 스타비트 거푸집에 넣지 않고 불편하게 크레인 버켓으로 하는지에 대해 물었다. 그러자 담당직원은 그 이유를 믹서트럭의 콘크리트 출구가 스타비트 거푸집 높이에 맞지 않기 때문이라고 했다. 그 말을 듣는 순간 정주영의 머릿속에는 번쩍하며 아이디어가 떠올랐다. 그것은 콘크리트를 쏟아내는 믹서트럭의 구멍을 스타비트 거푸집 높이와 딱 맞게 개조하면 되는 것이었다.

"믹서트럭의 구멍을 스타비트 거푸집 높이와 딱 맞게 개조할 수 있소?"

"네."

"그럼 지금 당장 개조하시오."

"알겠습니다."

정주영은 그 즉시 직원들을 시켜 믹서트럭의 개조를 지시하였다. 믹서트럭을 개조하자 하루에 겨우 200개만 만들던 스타비트 생산량이 350개로 급상승했다. 간단히 개조만 했는데도 무려 2배 가까

정주영 창의력의 특징

01. 상식을 벗어나는 엉뚱한 발상에서 창의력이 솟구쳤다.
02. 순간 판단력이 뛰어났다.
03. 현장에서 갈고 닦은 경험이 그의 내재된 상상력을 이끌어냈다.
04. 선천적으로 타고 났다.
05. 긍정적인 마인드를 바탕으로 했다.

이 생산량을 끌어 올릴 수 있었던 것이다. 참으로 놀라운 일이었다. 순간적인 정주영의 창의력이 공기단축은 물론 공기단축에서 오는 인건비와 건설비의 낭비를 대폭 줄여 생산효과를 극대화시키는 결과를 이끌어 낸 것이다. 그의 놀라운 창의력과 한국인 기술자들의 근면성으로 주베일 산업항 건설은 성공리에 끝났고, 우리의 기술력을 세계 건설업계에 당당히 알리는 좋은 계기가 되었다.

당신도 이처럼 숨은 창의력 계발에 최선을 다하라. 남들이 생각하지 못하는 아이디어를 계발만 하면 그것은 엄청난 결과를 가져다 줄 것이다. 그리고 당신을 새로운 인생길로 나아가게 할 것이다. 다소 엉뚱한 발상이라도 좋다. 에디슨도 엉뚱한 발상을 밥 먹듯이 하여 성공을 이끌어냈냈다. 남들이 보기에는 멍청하고 바보짓처럼 보였지만, 에디슨의 그런 행동은 그에게 세계 최고의 발명가라는 명성을 안겨주었다. 창의적으로 생각하고 능동적으로 실행하라.

남과 같이 해서는 절대로 남을 능가할 수 없다

사람은 누구나 자신이 남보다 잘되길 바라고 튀는 삶을 살고 싶어 한다. 이는 사람 마음속에는 남보다 잘 되고 싶은 욕망이 살아 숨쉬기 때문이다. 중요한 사람이 되고 싶은 욕망은 누구에게나 잠재되어 있다. VIP가 되고 싶은 욕망, 그 욕망을 탓할 수는 없다. 한번 뿐인 인생을 멋진 주인공으로 살고 싶은 것은 어쩌면 당연한 일이다. 그런데 문제는 그런 삶은 아무에게나 찾아오지 않는 다는 점이다.

중요한 인생이 되고 싶다면 값진 땀방울을 흘려야 한다. 이상만 있을 뿐 목표에 대한 확실한 실천력이 없다면 아무것도 해낼 수 없다. 이상만 갖고 꿈이 이루어진다면 얼마나 좋을까. 그러나 삶의 법칙은 아주 냉혹하고 빈틈이 없다.

　삶은 노력하지 않는 자에게는 결코 화려한 성공의 면류관을 씌워주지 않는다. 때로는 노력하고 또 노력해도 꿈이 잘 이루어지지 않을 때가 있다. 그럴 때는 자신의 창의성을 점검해보라. 당신이 진정 삶의 주인공이 되고 싶다면 창의적인 사람이 되어야한다.

　늘 창의적으로 생각하고 도전하라. 그렇게 될 때 VIP 인생이 되는 길이 보이고, 결국에는 그 길에서 인생의 승리자가 될 것이다. 남과 같이 해서는 절대로 남을 능가할 수 없다. 당신의 인생을 헛되게 하고 싶지 않다면 꿈을 키우고, 창의성을 계발하고, 목표를 실현하는 일에 최선을 다하라.

| 마인드 스터디 |

- 창의력은 '무를 유로 만드는 원천'이다. 자신의 인생을 풍요롭게 살고 싶다면, 그래서 의미 있는 인생으로 남고 싶다면 자신을 창의력이 넘치는 사람으로 계발하라.

- 자신의 숨은 1%의 창의력을 계발하라. 남들이 생각하지 못하는 아이디어를 계발만 한다면 그것은 커다란 결과를 가져다준다. 그리고 자신을 새로운 인생길로 나아가게 할 것이다. 다소 엉뚱한 발상이라도 좋다. 늘 창의적으로 생각하는 습관을 길러라.

- 남과 같이 해서는 절대로 남 이상이 될 수 없다. 자신이 진정 삶의 주인공이 되고 싶다면 창의적인 사람이 되어야한다. 늘 창의적으로 생각하고 도전하라. 그렇게 될 때 VIP 인생이 되는 길이 보이고, 결국에는 그 길에서 인생의 승리자가 될 것이다.

성공의 연금술

시간 관리에 능통한 사람이 돼라, 시간을 다스리는 자가 성공한다

시간을 잘 쓰는 자가 현자이다.

똑똑한 사람이 자신에게 주어진 1시간을 2시간 3시간으로 값지게 쓴다면, 어리석은 사람은 단 1분도 가치있게 사용하지 못한다. 시간을 값지게 쓰는 사람은 자신이 하고 싶은 일에 소중한 시간을 투자하는 만큼, 그것은 역동적인 에너지가 되어 그의 삶을 값지게 변화시켜준다. 따라서 시간을 잘 쓴다는 것은 그만큼 자신을 유리한 삶의 고지로 나아가게 한다는 것이다. 그러나 시간을 잘못 쓰는 사람은 자신의 성공적인 인생을 위해 배우고 익히는 시간을 갖기보다 유흥이나 오락에 시간을 허비함으로써, 새로운 변화에 대응하지 못하는 만큼 퇴보적인 사람으로 살아가게 된다.

"그날그날이 너에게 있어서 최후의 날이라고 생각하라. 그렇게 하면 뜻하지 않은 오늘을 얻어 기쁨을 갖게 될 것이다"

이는 고대 로마 시인 호라티우스의 말이다. 시간의 중요성을 간단명료하게 잘 표현한 문장이다.

그렇다. 시간이란 흐르는 강물과 같다. 한번 흘러간 강물은 되돌아 흐르지 않는다. 시간 역시 한번 지나가 버리면 그 시간은 두 번 다시 오지 않는다. 지혜로운 사람들은 시간을 잘 활용하지만, 어리석은 사람들은 시간을 길가에 나뒹구는 돌같이 여긴다. 성공적인 삶을 살았거나 살고 있는 사람들은 하나 같이 시간을 잘 활용하였다. 그들은 하루 24시간을 48시간으로 활용할 줄 아는 부지런함과 지혜를 지닌 사람들이었다.

'시간은 금 이다.'라는 말이 있듯 시간이란 억만금을 주고도 살 수 없는 매우 소중한 것이다. 그러나 사람들은 시간의 소중함을 잊고 살아간다. 이것이 보통 사람들을 그 이상으로 끌어올리지 못하는 이유이다. 시간의 활용 여부에 따라 삶은 그 색깔을 달리 한다. 로마의 황제 아우렐리우스 또한 '시간이란 모든 피 창조물로서는 거역할 수 없는 도도히 흐르는 강물이다. 그 어떤 것이든 눈에 띄자마자 곧 흘러가버리고 다른 것이 그 자리를 메운다. 그러나 그것 역시 곧 흘러가 버린다.'라고 말했다.

오늘을 살고 있고 미래를 향해 나아가는 모든 이들이 마음 깊이 새겨야 할 말이다. 오늘이란 아주 중요하다. 오늘은 현재이며 그것이 지나가버리면 과거가 되는 것이다.

우리는 날마다 오늘이란 새로운 날을 맞게 된다. 그날 그날이 바로 오늘인 것이다. 따라서 너나 할 것 없이 오늘이란 테두리 속에서 살고 있고, 그 오늘을 벗어 날 수 없는 것이다. 그런데 문제는 오늘이란 테두리를 떠나지 말아야 한다는 것이다.

오늘을 철저히 살아가는 인생이 돼라

어떤 청년이 있었다. 그는 한 권의 책을 읽어 가던 중 매우 흥미로운 문구에 주목하게 되었다. 그 말은 그의 앞날에 큰 영향을 끼치게 된다. 그는 몬트리올 제너럴 병원의 한 의학도로 '졸업시험에 통과할 수 있을까? 만약 통과를 하면 무엇을 해야 할까? 어디로 가야 할까? 어떻게 하면 개업을 할 수 있을까?'하고 고민하고 있었던 것이다. 그런데 그때 이 젊은 의학도가 읽은 문구 하나가 그를 최고의 의사가 되게 했다.

그가 바로 세계적으로 유명한 '존스 홉킨스 의과대학'을 설립하고 영국 의사로서 최대의 영예인 옥스퍼드대학의 명예교수가 된 윌리엄 오슬러 경이다.

그는 영국 왕으로부터 훈공사로 임명되었고, 그가 세상을 떠났을 때에는 무려 1천5백 쪽에 이르는 두 권의 전기가 발간되었다. 1871년에 그가 읽은 문구란 칼라일이 말한 '우리들의 중요한 임무는 멀리 있는 희미한 것이 아니라, 가까이 있는 분명한 것을 실천하는 것이다.'라는 말이었다.

그 후 42년이 지난 어느 날, 그는 예일 대학 학생들에게 다음과 같은 연설을 했다.

"나는 4개 대학의 교수가 되고, 평이 좋은 책을 써서 특별히 우수한 두뇌의 소유자로 알려져 있는데 실은 그렇지 않습니다. 내 친구들은 내가 가장 평범한 두뇌의 소유자에 불과 하다는 것을 잘 알고 있습니다."

그는 칼라일의 말을 인생의 좌우명으로 삼아 자신을 철저하게 관리하였던 것이다. 그의 성공의 비결은 바로 '오늘'이란 현재를 철저하게 살았기 때문이다.

독일의 실존주의 철학자 임마누엘 칸트는 시간을 정확히 쓰는 사람으로 유명하다. 그는 단 일초도 낭비하는 일은 없었다. 항상 일정한 시간에 산책을 즐기고 책을 읽고 글을 쓰고 짜여 진 스케줄에 맞춰 자신을 관리 하였다. 그는 정해진 시간에 따라 자신이 해야 할 일을 철저하게 해나감으로써 시간의 낭비를 줄이고 자신의 인생을 값지게 보낼 수 있었다. 그렇게 자신의 삶에 집중한 그는 실존주의 철학자로서 자신의 위치를 확고히 하며 후세에 길이 남는 성공적인 인생이 되었던 것이다.

정주영 역시 시간을 잘 쓴 사람으로 유명하다. 그 또한 단 한 시간이라도 헛되이 하는 법이 없었다. 그는 평생 동안 철저하게 시간을 관리하여 자신의 것으로 만들었다. 이렇게 된 데는 정주영이 젊은 시절부터 새벽에 일어나는 습관을 들였기 때문이다. 젊은 시절 그는 당시 5전 하는 전차 삯을 절약하기 위해 걸어서 출근을 했다. 정주영이 근검절약을 위한 방편으로써 일찍 일어났지만 그런 습관은 그가 평생을 살아가는 동안 지속되었다. 이와 관련하여 유명한 이야기가 있다.

정주영은 평생을 새벽에 일어나 아침을 먹고 5시에 걸어서 출근했다. 그런데 그 이른 시간에 모든 가족이 함께 밥을 먹어야 했다. 그 시간에 밥을 먹지 않는 자식들에겐 불벼락이 떨어졌다고 한다. 한 편으로 생각하면 반강제적이고 파쇼 같은 이야기이지만, 그랬기에 그의 삶은 빛날 수밖에 없는 게 아닐까. 왜냐하면 남들이 잠들어 있을 시간에 그는 이미 자리에서 일어나 시간을 능동적으로 활용하고 있었기 때문이다.

이처럼 시간을 소중하게 여겼던 정주영은 게으르고 나태한 사람을 매우 싫어했다. 그래서 그런 사람들은 그가 누구든 질타하기를 주저하지 않았다. 한마디로 그는 시간을 잘 활용하는 시간 벌레였던 것이다.

윌리엄 오슬러와 칸트와 정주영의 시간 관리법

01. 시간을 황금처럼 소중히 여겼다.
02. 시간을 철저하게 활용하였다.
03. 시간 절약을 습관화 하였다.
04. 한시도 시간을 낭비하는 법이 없었다.
05. 효과적 시간 관리를 인생의 덕목으로 삼았다.
06. 게으름과 나태함을 죄악시 하였다.

인생의 모든 성패는 시간에서 온다

단테는 '오늘이라는 날은 두 번 다시 돌아오지 않는 다는 것을 잊지 말라.'고 말했다. 백번 천번 옳은 말이다. 더구나 요즘 같은 초스피드 시대에는 자칫 잘못하다가는 자신의 게으름으로 인해 자신에게 다가오는 소중한 기회를 놓쳐버릴 수 있다. 많은 사람들이 부러워하는 위치에 있는 사람들은 어느 한사람도 그저 된 사람이 없다. 그저 얻어지는 것은 운이 좋아서 일뿐이지 그 사람의 노력으로 이룬 것이 아니기 때문에 참다운 성공이라고 할 수 없다.

공자는 나이 서른이면 자신의 인생에 책임을 지라고 했다. 이 말은 매우 의미심장한 말이 아닐 수 없다. 좀 더 덧붙여서 말한다면 사람으로 태어난 것에 대한 이름값을 똑바로 하라는 것이다. 사람은 저마다 성공한 사람으로 살아가고 싶은 소망을 품고 산다. 하지만 그것을 실현시키며 사는 사람들은 극소수에 불과하다. 왜냐하면 성공적인 인생이 된다는 것은 그만큼 어렵기 때문이다.

인생의 모든 성패는 시간에서 온다. 시간을 누가 얼마나 더 가치 있게 쓰느냐에 따라 결정된다. 성공한 사람들의 성공습관 중에는 그들이 시간을 잘 관리했다는 것을 알 수 있다. 시간을 잘 쓰면 인생을 긍정적으로 이끌지만, 시간을 잘못 쓰게 되면 부정적인 인생이 된다는 것이다. 헨리 포드, 록펠러, 앤드류 카네기, 알프레드 노벨, 벤 자민 프랭클린, 퀴리 부인, 엔리코 카루소, 마리아 칼라스, 빌 게이츠, 워린 버핏 등 이름만 들어도 명품 인생들은 보통 사람들보다 시간을 몇 배로 가치 있게 썼다는 것을 결코 잊어서는 안 될 것이다.

| 마인드 스터디 |

- 시간 관리에 능통한 사람이 돼라. 똑똑한 사람은 자신에게 주어진 1시간을 2시간 3시간으로 값지게 쓰지만 어리석은 자는 단 1분의 시간도 가치있게 사용하지 못한다.

- 자신이 하고 싶은 일에 시간을 아낌없이 투자하라. 그런 만큼 그것은 역동적인 에너지가 되어 자신의 삶에 귀한 선물을 안겨 줄 것이다.

- 인생의 모든 성패는 시간에서 온다. '시간은 곧 돈이다'라는 말이 있다. 이는 시간을 잘 쓰면 돈이 된다는 말인데, 시간이 그만큼 귀하다는 것을 의미한다. 자신에게 주어진 시간의 진정한 주인이 돼라.

패배주의를 멀리하고 성공주의를 꿈꿔라, 긍정적인 생각이 성공을 이끌어 낸다

무슨 일이든 할 수 있다는 사고방식을 가져라

긍정적인 사고방식을 가져야한다는 말은 수백, 수천 번을 강조해도 부족함이 없다. 긍정적인 생각을 갖게 되면 무슨 일이든 능히 할 수 있다는 자신감이 생기기 때문이다. '나는 할 수 있다'는 말은 긍정적인 사고에서 오는 참으로 멋지고 역동적인 말이다. '나는 할 수 있다' 는 말을 늘 자신에게 하면 자신의 생각은 강한 신념으로 가득 차게 된다. 언제나 '나는 할 수 있다'는 말을 습관처럼 하라.

모든 성패는 생각의 차이에서 온다. 생각의 중심이 성공할 수 있는 조건으로 향하면 성공에 이르는 확률이 그만큼 높아지고, 생각의 중심이 부정적으로 향하면 실패에 이를 확률이 그만큼 높아진다. '나에게 불가능이란 없다'라고 한 나폴레옹의 가슴엔 언제나 능동적인 생각으로 가득 차 있었다. 그는 '나는 못해. 내가 그걸 어떻게 해.'라는 말을 가장 싫어했다. 그리고 그렇게 말하는 사람들을 혐오했다. 그의 생각은 온통 성공주의로 가득 차 있었다. 그 결과 그는 전투에 나갈 때마다 승리를 할 수 있었다.

에디슨은 실패를 두려워하지 않았다. 실패는 인생에 있어 늘 있는 것으로 자연스럽게 받아들였다. 그는 성공주의를 꿈꾸지 않았지만 실패를 통해 성공을 이룬 것이다. 이런 생각은 과학자들이나 발명가라면 당연히 여기는 생각일 것이다. 결국 그들이 이뤄 낸 성공은 수많은 실패와 착오를 겪으면서 얻어낸 성과이다.

"어린 시절부터 나는 내가 꿈꾸는 것은 뭐든지 할 수 있다고 생각했습니다. 나는 한 번도 할 수 없다는 생각을 하지 않았습니다. 나는 언제나 나에 대한 가능성을 믿었고 그렇게 해서 내가 계획한 것들을 이룰 수 있었습니다."

이 말은 미국의 영화배우이자 캘리포니아 주지사인 아놀드 슈왈제네거의 말이다. 그는 자신의 꿈을 이루기 위해 조국 오스트리아를 떠나 미국으로 이주하였다. 그에겐 세 가지 꿈이 있었다. 첫째는 할리우드의 영화배우가 되는 것이고, 둘째는 최고의 명문가인 케네디가의 여인과 결혼하는 것이고, 셋째는 정치가가 되는 것이었다.

그는 자신의 꿈을 이루기 위해 첫 번째 도전에 나섰다. 근육질의 몸을 가진 그는 성실하고 근면한 자세로 작은 배역에도 최선을 다했고, 위험한 촬영도 마다하지 않았다. 그의 이런 자세는 감독에게 좋은 이미지를 심어주었고 스텝들과도 잘 어울렸다. 이런 그를 싫어할 사람은 없었다. 그로인해 그는 좋은 배역을 맡을 수 있었고, 영화배우로서 대성하였던 것이다.

첫 번째 꿈을 이룬 그는 두 번째 꿈에 도전했다. 훌륭한 영화배우로서의 명성은 그가 두 번째 꿈을 이루는데 큰 도움을 주었다. 결국 그는 케네디가의 여인과 결혼을 하여 두 번째 꿈을 이루었다.

그리고 마지막 세 번째 꿈을 향해 도전장을 던졌다. 드디어 그에게 정치가로 입신할 수 있는 기회가 찾아왔다. 그는 2003년 캘리포니아 보궐선거에 나가 당당하게 주지사로 당선하였다. 이렇게 그는 가슴에 품었던 세 가지 꿈을 모두 이뤄낸 것이다.

실패를 두려워하는 사람에게 성공의 기회는 잘 찾아와 주지 않는다. 아무리 실패를 해도 나는 끝까지 할 수 있다는 생각을 버리지 말

무슨 일이든 할 수 있다는 신념을 기르는 법

01. 실패에 대한 두려움을 버려라.
02. 항상 가능성을 믿어라.
03. 부정적인 생각을 몰아내라.
04. 일에 대한 즐거운 마인드를 가져라.
05. 긍정적인 사고를 길러주는 책을 읽어라.
06. 신념과 끈기를 길러라.
07. 해서 안 되는 일은 없다는 자기에 대한 확신을 가져라.

아야한다. 나는 반드시 꼭 해낼 수 있다는 자신감으로 무장하라. 나폴레옹이 그랬던 것처럼, 에디슨이 그랬던 것처럼, 아놀드 슈왈제네거가 그랬던 것처럼 적극적인 생각을 가슴에 품고 실패를 뛰어넘는다면 반드시 성공할 수 있을 것이다. 그리고 한 가지 분명히 마음에 새길 것은 실패를 모르는 성공보다는 실패를 딛고 일어선 성공이 더욱 값지고 튼튼한 삶의 뿌리가 되어준다는 사실을 잊지 말라.

성공을 꿈꿔라, 성공주의자가 돼라

성공을 꿈꾸는 자가 성공할 확률이 높은 건 당연한 일이다. 밤낮으로 성공하고 싶은 꿈으로 가득 차 있는데 어떻게 성공하지 않을 수 있을까.

무언가에 집중하여 자신을 바친다는 것은 아름답고 열정적인 일이다. 그 일에 성패를 떠나서도 그건 분명 감동적인 일이다. 그런데 성공을 이룬다면 얼마나 신나고 행복한 일일까. 이런 생각은 하는 것만으로도 사람을 행복하게 한다. 그럼 성공주의자가 되기 위한 조건을 알아보자.

첫째. 나는 행복한 사람이라고 여겨라. 행복한 사람은 언제나 긍정적이고 능동적인 마음을 갖게 된다. 이런 마음을 갖고 노력하면 자신이 원하는 일을 충분히 해낼 수 있을 것이다.

둘째. 나는 무슨 일이든 할 수 있다고 생각하라. 무엇을 하는데 있어 마음 자세를 어떻게 하느냐가 관건이다. 적극적으로 할 수 있다고 생각하면 못 할 것이 없다.

셋째. 실패를 두려워하지 말고 기꺼이 받아들여라. 실패 없는 인생은 어디에도 없고 실패 없는 성공은 어디에도 없다. 동서고금을 막론하고 실패함으로써 성공도 있었고, 훌륭한 현자도 있는 것이다. 실패를 두려워하지 말고 뛰어넘어라.

넷째. 처음부터 너무 잘 하려고 하는 조급한 마음을 버려야한다. 처음부터 잘하는 사람은 별로 없다. 그런데도 조급증에 걸려 단숨에 큰 성공을 이루려고 하는 사람이 많다. 이것을 경계해야한다. 모든 일엔 순리가 있는 법이다. 차근차근, 그러나 정확한 데이터와 계획 아래 실행하라.

다섯째. 자신과의 약속을 반드시 지켜라. 사람들은 대개 자기 자신에게는 관대하다. 남의 잘못은 봐주지 못하면서 자신의 잘못은 너무 쉽게 용서한다. 그리고도 서푼어치의 반성도 안 한다. 이는 대단히 웃기는 모순이다. 자신이 자신을 넘어 성공하고 싶다면 자신에게 철저해야 한다.

여섯째. 무엇을 할 때는 오늘이 마지막 인 듯 열정적으로 하라. 열정은 꽃보다 아름답고 무지개보다 찬란하다. 오늘이 생애의 마지막이라는 마음으로 그 무엇을 해 본적이 있는가? 아마 해 본 사람도 있고 그렇게 해서 좋은 결과를 누리고 있는 사람도 있을 것이다. 만일 열정의 꽃을 피워본 적이 없다면 지금 당장 시도해 보라. 지금 이순간이 가기 전에. 그러면 알게 될 것이다. 열정의 아름다움이 얼마나 행복한지를.

일곱째. 오늘 일을 내일로 미루지 마라. 오늘은 매일 매일 오겠지만 그 오늘이 언제까지나 영원하지는 않은 법이다. 사람들 중엔 자신의 게으름을 탓하기보단 시간을 붙잡아놓고 마냥 지내고 싶은 사람도 있을 것이다. 그러나 그것처럼 무모하고 어리석은 일은 없다. 그런 마음이 드는 순간 그 생각을 끄집어내 쓰레기통에 구겨 넣어라.

여덟째. 모르는 것은 알 때까지 파고들어라. 안다는 것의 즐거움을 아는 사람은 자신이 알고 싶어 하는 것을 위해 몸을 사리지 않는다. 밤을 새서라도 백과사전을 뒤지고, 인터넷의 바다를 종횡무진하며 아는 즐거움을 만끽한다. 지금 보다 더 나은 내일을 위해서라면 아는 일에 힘써라. 그래서 이런 말도 있지 않던가. '아는 것은 힘이다, 배워야 산다.' 그렇다. 아는 즐거움을 누려라.

아홉째. 불가능하다는 미혹에 빠지지 말아야한다. 가능한 일도 불가능하다고 생각하면 불가능한 일이 되어버린다. 그러나 불가능한 일도 가능하다고 믿으면 가능한 일이 되는 것이다. 매사를 가능하다고 생각하고 긍정적으로 낙관하라.

열째. 쓸데없이 시간을 낭비하지 말아야한다. 시간을 낭비하는 것은 자신에게 주어진 시간을 도둑질 하는 것이다. 자신에게 주어진 시간을 헛되이 쓰는 만큼 마이너스 인생을 사는 것이다. 마이너스 인생이 되고 싶지 않다면 자신에게 주어진 시간을 알토란 같이 사용하라.

이상 열 가지를 잘 지켜 실천한다면 패배주의자가 되지 않고 성공주의자가 될 수 있을 것이다. 정주영은 패배주의를 멀리했다. 그는 늘 성공주의를 꿈꿨다. 그는 실패를 두려워한다는 것은 패배주의자가 된다는 것을 알았던 것이다. 그래서 그는 실패를 두려워하지 않았다. 그 어느 것도 실패 없이 이루는 성공이 없다는 것을 잘 알았던 것이다. 정주영의 이런 마음의 자세는 그에게 어떤 일이든 두려워하지 말고 해내야한다는 강렬한 의지를 갖게 했다. 그는 이렇게 말했다.

"패배주의를 멀리하고 성공주의자가 되십시오!"

꿈이 있는 삶은 가난해도 행복하다.

꿈이 있는 삶은 가난해도 행복하다. 그러나 꿈이 없는 삶은 돈이 많아도 행복하지 않다. 꿈은 돈이 줄 수 없는 절대적인 인생의 가치를 지니고 있어 사람들을 행복하게 만든다.

거듭 말하지만 정주영은 찢어지게 가난한 어린 시절을 보냈다. 그의 고향은 눈이 많이 오는 산골이었다. 그는 어렸을 적부터 아버지를 도와 농사를 지어야 했고, 지게를 지고 나무를 하며 힘들게 보냈다. 마음 놓고 실컷 뛰어노는 게 희망일 정도로 그는 일을 하는 데 익숙해져있었다. 가난은 정주영의 어린 시절을 힘든 일로 보내게 했지만, 그런 가운데서도 그는 꿈을 잃지 않았다. 그는 큰 도시를 꿈꿨다. 그곳으로 가서 자신의 꿈을 키워보고 싶었다. 그의 마음속엔 늘 겨울보리보다 더 푸른 꿈이 자라고 있었던 것이다. 꿈이 있었기에 그는 힘든 일도 참아낼 수 있었다. 꿈이 없었다면 그는 하루하루가 너무 불행했을 것이다. 날마다 꿈을 키우던 그는 고향을 떠나 힘든 일도 마다하지 않고 자신의 꿈을 이루는 발판으로 삼은 끝에 대한민국 제일의 기업인 현대그룹을 키워냈으며, 우리나라 역사상 가장 훌륭한 기업가가 되었다. '나에게 시련은 있으나 실패는 없다. 낙관적으로 살자. 긍정적으로 생각하며 살자.' 정주영은 힘들고 어려울 때마다 늘 이렇게 자신에게 다짐하고 또 다짐했다. 그리고 훗날 이 이야기를 사람들에게 해주곤 했다.

당신이 인생을 풍요롭게 살고 싶다면 패배주의를 멀리하고 성공주의를 꿈꿔라. 성공을 향한 꿈이야말로 성공을 이루게 하는 가장 큰 원동력이다.

| 마인드 스터디 |

- 무슨 일이든 할 수 있다는 사고방식을 가져라. 긍정적인 생각을 갖게 되면 무슨 일이든 능히 할 수 있다는 자신감이 들것이다. '나는 할 수 있다'는 생각을 하라. 모든 성패는 생각의 차이에서 온다. 생각의 중심이 성공할 수 있는 조건으로 향하면 성공에 이르는 확률이 그만큼 높아지고, 생각의 중심이 부정적으로 향하면 실패할 확률이 그만큼 높아진다. 이 사실을 마음에 새겨 실천하라.

- 성공적인 인생이 되기 위해서는 성공주의자가 되어야한다. 성공주의자가 되기 위해서는 첫째, 나는 행복한 사람이라고 여겨라. 둘째, 나는 무슨 일이든 할 수 있다고 생각하라. 셋째, 실패를 두려워하지 말고 실패를 기꺼이 받아들여라. 넷째, 처음부터 너무 잘 하려고 하는 조급한 마음을 버려라. 다섯째, 자신과의 약속을 반드시 지켜라. 여섯째, 무엇을 할 땐 오늘이 마지막인 듯 열정적으로 하라. 일곱째, 오늘 일을 내일로 미루지 마라. 여덟째, 모르는 것은 알 때까지 파고들어라. 아홉째, 불가능하다는 미혹에 빠지지 마라. 열 번째, 쓸데없이 시간을 낭비하지 마라.

- 꿈이 있는 삶은 가난해도 행복하다. 그러나 꿈이 없는 삶은 돈이 많아도 행복하지 않다. 꿈은 돈이 줄 수 없는 절대적인 인생의 가치를 지녀 사람들을 행복하게 만든다. 늘 자신의 꿈을 키워라.

| 성공마인드를 위한 긍정의 한 줄 |

목표가 있어도 꾸물거리면 아무것도 얻을 수 없다. 목표가 설정되면 실천해야 어떤 것이든 가질 수 있는 법이다. ─ 토머스 J. 빌로드

승자와 패자를 분리하는 단 한 가지는 승자는 실행하는 사람이라는 점이다. ─ 앤서니 로빈스

중요한 것은 말하는 것이나 희망하는 것, 바라는 것이나 의도하는 것이 아니라 행동하는 것이다. 당신의 선택이 실질적으로 당신이 어떠한 사람인지 확실히 말해준다. ─ 브라이언 트레이시

기회가 왔을 때 잡을 준비가 되어 있는 것, 그것이 바로 성공의 비결이다. ─ 벤저민 디즈레일리

무엇이든 꿈 꿀 수 있다면 그것을 실행하는 것 역시 가능하다.
─ 월트 디즈니

꿈꾸는 것도 훌륭하지만 꿈을 실행에 옮기는 것은 더 훌륭하다. 신념도 강하지만 신념에 실행을 더하면 더 강하다. 열망도 도움이 되지만 열망에 노력을 더하면 무적이다. ─ 토머스 로버트 게인스

어떤 일이 잘 되길 바란다면 그것을 직접 하라. ─ 나폴레옹

꿈을 향해 대담하게 나아가라. 자신이 상상한 바로 그 삶을 살아라.
헨리 데이비드 소로

인생을 바꾸려면 지금 당장 시작하여 눈부시게 실행하라. 예외는 없다.
윌리엄 제임스

성공이 당신에게 오는 것이 아니라 당신이 성공을 향해 가는 것이다.
마르바 콜린스

인간의 위대한 업적들은 아이디어를 열정으로, 그리고 행동으로 옮긴 결과였다.
토머스 J. 왓슨

시도하고 또 시도하는 자만이 성공을 쟁취하고 그것을 유지한다. 시도해본다고 잃을 것은 없으며, 성공하면 커다란 수확을 얻게 된다. 그러니 일단 해보라. 망설이지 말고 지금 당장 해보라.
— W. 클레멘트 스톤

위대한 것을 성취하려면 행동할 뿐 아니라 꿈을 꿔야 하며, 계획할 뿐 아니라 믿어야 한다.
— 아나톨 프랑스

사람들은 할 수 있다고 생각하기 시작할 때라야 가장 비범한 모습을

보이게 된다. 자기 자신을 믿을 때 성공의 첫 번째 비결을 갖게 되는
것이다.
노먼 빈센트 필

시작하기 전부터 성공을 예감하라. 승자라면 어떤 게임을 하든 성
공할 것이라는 기대를 갖고 시작한다.
데니스 웨이틀리

성공은 마음가짐의 문제다. 성공을 원한다면 먼저 스스로를 성공한
인물로 생각하라.
조이스 브라더스

가장 중요한 사실은 당신이 할 수 있다는 것을 아는 것이다.
로버트 앨런

성공을 거둔 세상의 위대한 이들은 자신의 상상력을 활용한다. 그
들은 앞서서 생각하고, 머릿속에 세세한 그림을 그려내, 그것을 토
대로 꾸준히 성공을 쌓아나간다.
로버트 J. 콜리어

Part 02
누구에게든지 무엇이든지, 필요하다면 배우길 주저하지마라

나는 항상 배움의 자세를 견지함으로써 장점을 유지해 왔다.
배워야 할 새로운 것은 언제나 있게 마련이다.
—재키 조이너커시

08 success mind
성공의 연금술

누구에게든지 무엇이든지,
필요하다면 배우길 주저하지마라

자신만의 실력을 길러라

'아는 것이 힘이다, 배워야 산다.'는 말이 있다. 나는 어렸을 때부터 이 말을 귀가 아프도록 들어왔다. 이 말이 의미하는 것처럼 안다는 것은 매우 중요하다. 시시각각 변화하는 현대사회에서 남보다 내가 앞서가기 위해서는 많은 것을 배우고 익혀야 한다. 배우는 일에 게을리 하면서 남보다 잘 되기를 바라는 것은 자신을 기만하는 일이다.

배운다는 것은 매우 중요한 일이다. 모르는 것을 알아가는 재미처럼 흥미로운 것도 없다. 공자는 배움에 대해 말하기를 '내가 일찍이 종일 먹지 않고 밤새 잠자지 않고 생각하여도 유익힘이 없으니 배움만 같지 못하였다'고 하였다. 또 제임스 브라이스는 '배움의 목적은 사람이 지갑에 돈을 간직하고 있는 것처럼 지식을 가지고 있는 것이 아니라, 지식을 자신의 몸에 담아두는 데 있다. 밥이 활력을 주고 기력을 돋우는 혈액이 되듯이 배움의 지식은 자신의 사상을 만드는데 있다'고 했다.

공자나 제임스 브라이스의 말에서 보듯 배움은 즐거운 것이고, 배움의 목적은 자신의 사상과 철학을 갖게 하여 삶을 보다 가치 있게 하는데 있다. 그런데 배움을 소홀히 하는 사람들을 종종 볼 수 있다. 이 말에 대해 당신은 어떻게 생각하는가? 당신이 배움을 중요시하고 실천하고 있다면 당신은 분명 삶을 가치 있게 살아가게 될 것이다. 그러나 만약 그렇지 않다면 당신은 이 말의 의미를 가슴 깊이 새겨 당신의 인생을 가치 있게 살아가는데 귀감으로 삼아야 할 것이다.

정주영은 집안이 가난하여 초등학교밖에 나오지 못했지만, 종아리를 맞아가며 소학, 대학, 자치통감, 오언시, 칠언시를 익혔다. 이는 훗날 정주영이 인생을 살아가는데 큰 힘이 되었고, 그의 지식의 근원이 되었다. 그는 배움이 얼마나 소중한 것인지를 너무도 잘 알았기 때문에 배우는 일에 매우 적극적이었다. 그는 이런 자신의 마음을 다음과 같이 말했다.

"나는 누구에게든 무엇이든 필요한 것은 모두 배워 내 것으로 만든다는 적극적인 생각, 진취적인 자세로 작은 경험을 확대해 큰 현실로 만들어내는 것에 주저 해본 일이 없습니다."

이 말에서 보면 정주영의 배움에 대한 가치관이 잘 나타나 있다.

그의 배움의 자세는 한마디로 정의한다면 '불치하문(不恥下問)'이다. 즉, 배워야 할 게 있다면 자신보다 나이가 어리든 직업이 하찮든, 어떠하던 간에 따지지 않고 가리지 않고 무조건 배운다는 의미이다. 참으로 배움의 중요성과 가치성을 터득한 자세가 아닐 수 없다.

그의 이런 실천적 자세는 부족한 학교 교육을 뛰어넘는 근원이 되었고, 풍부한 산지식과 지혜를 갖춘 유능한 인물이 되는 밑거름이 되었던 것이다. 사실 동서양을 막론하고 성공한 사람들 중엔 학교 공부를 많이 하지 못한 사람들도 많이 있다. 그럼에도 불구하고 그들이 성공적인 인물이 될 수 있었던 것은 배움을 소홀히 여기지 않

○ 배움의 기쁨을 얻으려면 어떻게 해야 할까?

01. 배움의 기쁨을 알기 위해서는 진지한 마음으로 배움에 임해야 한다.
02. 배움은 학교를 통한 지식습득 교육과 책을 읽고 신문과 뉴스를 보고 실생활에서의 경험을 통한 체험학습으로 나눌 수 있다. 어떤 배움이건 간에 배운다는 것은 소중하고 감사한 일이다. 힘써 배워라.
03. 알아가는 재미를 느껴라. 그러면 배움의 끈을 절대 놓지 않게 된다.
04. 스터디그룹을 이용하며 정보를 나눠라. 더욱 많은 새로움을 발견할 것이다.
05. 각종 세미나나 강연회에 참석하라. 다양한 지식과 지혜를 습득하게 될 것이다.
06. 인생의 멘토를 정해 그에게 배워라. 유능한 멘토는 인생의 백과사전이다.

고 자신만의 실력을 길렀기 때문이다.

　힘써 배우고 익혀라! 하루 중 아침은 단 한번 뿐이듯 인생도 단 한 번 뿐이다. 아낌없는 자신의 열정으로 누구에게도 뒤처지지 않도록 배우고 익히는데 최선을 다하라. 배움은 자신의 인생을 긍정적이고 생산적으로 만드는 가장 근원적인 삶의 기본 요소이다.

돈이 없음을 부끄러워하지 말고 진정한 실력자가 돼라

　돈은 사람이 살아가는데 있어 아주 중요하다. 돈이 있어야 집도 사고 자동차도 사고 학교도 다니고 여행도 가고 좋은 옷도 사 입을 수 있다. 돈은 많으면 많을수록 좋다. 하지만 아무리 돈이 많아도 아는 것이 없으면 그 사람을 낮춰보게 된다. 무식한 게 돈은 많아서 거드름을 피운다느니, 모르면서 돈복은 있어가지고 잘난 척을 한다느니 하며 비난을 퍼붓는다.

　공자의 입장에서 본다면 아는 게 없다는 것은 돈이 없는 것 보다 더 부끄러운 일이다. 반면에 돈이 없어도 아는 것이 많으면 그 사람을 달리 생각한다. 사람들은 돈이 많은 정치인들을 부러워하면서도 그들에게 비난의 화살을 쏘아댄다. 돈이 많은 게 잘못은 아닌데도 공직자들이 돈이 많으면 바른 눈으로 쳐다보지 않는다. '저 돈이 어떻게 해서 생긴 돈일까?'하고 의심의 눈초리로 바라본다. 하지만 아는 것이 많은 사람에겐 의심의 눈초리 따윈 갖지 않는다. '저 사람은 생긴 건 그렇지 않은데 아는 건 참 많아.' 하며 높이 평가하는 것을 종종 볼 수 있다.

　정주영은 자신의 부족한 지식을 습득하기 위해 어렸을 때부터 위인전을 비롯해 많은 책을 읽었다. 신문도 종류별로 다 읽고 나름대로 분석하는 능력도 길렀다. 그렇게 해서 길러진 그의 상식의 깊이는 국내외적으로 유수한 대학의 박사 출신인 그의 참모들도 따를 수 없을 만큼 탁월했다. 또한 전문교육을 받은 임원들이나 직원들보다도 일에 대한 상황 판단 능력과 전망을 예측하는 예지능력 또한 뛰어났다. 그의 이런 능력은 천성적으로 타고난 것도 있지만, 후천적인 노력으로 길러졌다는 데에 대해 아무도 이의를 달지 않는다.

정주영의 성공은 끊임없는 배움의 노력과 철두철미한 창조적인 도전정신으로 이뤄낸 것이다. 그는 학문적인 업적은 없지만, 그가 이뤄낸 놀라운 업적을 인정받아 국내외적으로 많은 명예박사 학위를 받았다.

◉ 배움에 대한 정주영의 가치관

01. 누구에게든지 배운다는 불치하문(不恥下問)의 자세를 견지했다.
02. 부족한 학교공부를 대신해 다양한 책과 신문, 잡지를 통해 지식과 지혜를 습득하는 평생교육관을 지녔다.
03. 배움은 인생을 가치 있게 한다고 믿었다.
04. 배움을 권면하는데 적극적이었다.

| 마인드 스터디 |

- 아는 것은 힘이다. 안다는 것은 매우 중요하다. 시시각각 변화하는 현대사회에서 남보다 내가 앞서가기 위해서는 많은 것을 배우고 익혀야 한다. 배우는 일을 게을리 하면서 남보다 잘되기를 바라는 것은 자신을 기만하는 일이다.

- 돈이 없음을 부끄러워하지 말고 진정한 실력자가 돼라. 아무리 돈이 많아도 아는 것이 없으면 그 사람을 낮춰본다. 무식한 게 돈은 많아서 거드름을 피운다다니, 모르면서 돈복은 있어갖고 잘난 척을 한다느니 하며 비난을 퍼붓는다. 아는 게 없다는 것은 돈이 없는 것 보다 더 부끄러운 일이다.

- 현대는 전문지식과 전문가를 요구한다. 현대는 모든 분야에서 개괄적인 것이 아닌 전문적인 것을 요구하는 사회이다. 하나를 알아도 깊이 있게 아는 것을 원한다. 그래서 표피적이고 단순한 지식으로는 자신이 원하는 직업을 가질 수 없다. 기업이나 사회에서 요구하는 실력을 갖추어라. 그러지 않으면 죽었다 깨어나도 자신이 원하는 직업을 갖거나 일을 할 수가 없다.

집중력이 성패를 결정한다, 집중력은 성공의 키워드다

집중력을 길러라

공부를 하거나 그림을 그리거나 일을 하거나 그 무엇을 하던 간에 성패를 좌우하는 것은 집중력이다. 똑 같은 시간 동안 일을 하더라도 집중력을 갖고 하느냐, 그러지 않느냐에 따라 분명한 차이가 난다. 그래서 자신이 하는 일이 보다 효과적이기 위해서는 집중력을 키워야한다. 집중력의 중요성이 그 어느 때보다도 강조되고 있다. 그러나 집중력의 중요성을 알고는 있지만 그것을 실천으로 옮기는 데는 매우 취약하다. 끈기와 인내심이 부족하기 때문이다. 아무리 생각이나 취지가 좋아도 실천하지 않으면 아무 소용이 없다. 그러므로 집중력을 강화시키는 일을 게을리 해서는 안 된다. 집중력을 길러라. 집중력은 현대인들의 키워드다.

　정주영은 무언가에 한번 몰입을 하면 그것을 반드시 성사 시키는 일에 주저하지 않았다. 비록 자신이 처음 보고 경험하는 것이라 할지라도 일단 그것을 하기로 결심을 굳히고 나면, 고도의 집중력으로 분석하고 진단하여 그 일을 추진하였다. 그리고 추진한 일은 어떤 일이 있어도 흔들림 없이 밀고나가 반드시 성공으로 이끌어냈다. 그에겐 '만약에, 어떻게 되겠지, 아마 잘 될 거야'라는 식의 불확실한 말은 없었다. 그에겐 '반드시 된다, 할 수 있다'는 식의 확실한 말만 있었다.

　정주영이 이처럼 확실성 있는 말과 강한 실천력을 보일 수 있었던 것은 집중력에 의해서다. 그는 고도의 집중력을 통해 자신이 실행하는 일에 대한 확실성을 이끌어 냈던 것이다. 그리고 그 일에 전심전력을 다해 몰입함으로써 성공하였다.

　당신은 집중력을 기르는 일에 절대로 소홀히 하지마라. 집중력을 기른다는 것은 당신이 하는 일을 성공적으로 성사 시킬 수 있는 그 어떤 것보다도 확실한 증표가 될 것이다.

집중력은 성공의 키워드다

　집중력을 기르는 방법은 개개인마다 차별성이 있기 마련이다. 그 이유는 성격의 차이에서 오고, 각자가 관심을 보이는 분야에 따라 다르기 때문이다.

　성공한 사람들의 성공요소 중 하나는 집중력이 다른 사람들보다 특별히 뛰어났다는 것이다. 뉴턴이나 아인슈타인 같은 과학자나, 베토벤과 모차르트 같은 음악가나, 피카소나 세잔 같은 화가나, 섹스피어나 톨스토이 같은 문학가나, 마이클 조던이나 타이거 우즈 같은 운동선수들 역시 뛰어난 집중력을 지닌 사람들이다. 특히 미국의 수영 영웅 마이클 펠프스는 어린 시절 '주의력결핍과잉행동장애(ADHD)'를 앓았다고 한다. 그런 그가 5살 때 누이들이 수영하는 모습을 보고 수영이 하고 싶어 물과 친해지기 시작했다. 그런데 이

◉ 집중력을 기르는 방법

01. 독서를 통해 집중력을 길러라. 책을 좋아하면 독서를 통해 집중력을 기르는 것이 최적의 방법이다. 자신이 좋아하는 분야의 책은 싫증이 나지 않으므로 그 분야에 대한 책을 많이 읽도록 하는 것이 중요하다. 책을 집중해서 읽는 습관을 차분히 들이다보면 집중력이 길러지게 된다.

02. 취미활동을 통해 집중력을 높여라. 많은 사람들은 자신이 좋아하는 취미활동을 하는 동안엔 그것에 몰입하는 경우가 많다. 자신이 좋아하는 취미활동은 아무리 해도 싫증이 나지 않는 법이니까. 따라서 자신이 좋아하는 취미활동은 집중력을 높이는데 있어 역시 최적의 방법이다.

03. 요가나 서예 등 정신을 하나로 끌어 모으는 활동에 자신을 투자해보라. 요가나 서예는 정신을 고도로 집중시키는 데 매우 효과적이다. 그래서 정신이 산만한 사람들이 집중력을 키우기 위해 요가나 서예를 많이 하는 것이다.

것이 그의 운명을 바꿔놓을 줄이야 누가 알았겠는가?

어린 펠프스는 수영을 할 때만큼은 고도의 집중력을 보였다. 이런 펠프스의 수영에 대한 집중력은 그에게 놀라운 변화를 가져다주었던 것이다. 펠프스는 15살 때인 2000년 시드니 올림픽에 처음 출전해 200M 남자접영 5위에 오르는 쾌거를 이루었다. 그로부터 4년 후인 2004년 그리스 아테네 올림픽에서 무려 6개의 금메달을 목에 걸며 '수영 황제'라는 칭호를 얻었다. 그 후 그의 질주는 계속 이어져 2007년 호주 '멜버른 세계수영선수권대회'에서는 7관왕에 올랐다. 그리고 2008년 '베이징 올림픽'에서 자신의 목표인 8관왕에 올라 세계 올림픽 역사상 단일 경기종목에서 개인으로는 최고로 많은 금메달을 획득하였다. 뿐만 아니라 올림픽에서만 모두 14개의 금메달을 거머쥔 전무후무한 수영 영웅이 되었다.

'주의력결핍과잉행동장애'라는 병을 고치기 위해 시작한 수영이 펠프스를 찬란하고 드높은 인생의 주인공이 되게 했듯, 고도의 집중력 훈련은 사람의 상식으로는 이해할 수 없는 놀라운 결과를 가져온다. 마이클 펠프스의 경우에서처럼 집중력은 그 사람이 지니고 있는 숨겨진 원초적인 능력을 최대한 끌어올리게 한다. 이는 집중력이 분산하는 능력을 하나로 끌어 모아주기 때문이다.

정주영의 집중력을 배워라

앞에서 말했듯이 정주영은 매우 뛰어난 경영인이다. 몇 마디 말로 그의 뛰어남을 다 말 할 수가 없다. 그만큼 그는 많은 업적을 남겼으며, 그가 남긴 업적을 넘어서는 사람이 당분간은 나오기 힘들

것 같다. 한 마디로 정주영을 평가한다면 그는 100년에 한번 나올까 말까 한 훌륭한 경영인이었다. 그가 지닌 많은 성공요인 중에서도 집중력은 단연 으뜸이다. 그는 전혀 문외한인 자동차 수리업을 하면서도 결코 두려워하지 않았다. 그 이유는 그는 자신이 직접 뛰어들어 자동차를 해체하고 조립하며 자동차 일을 배우는 강한 집중력을 가졌기 때문이다. 그의 집중력은 자동차 부품에 대해서도 빠른 시일 내에 터득하게 하였다. 자동차 기술자들도 그런 정주영의 놀라운 집중력에 대해 혀를 내두르며 고개를 흔들어댔을 정도이다. 뿐만 아니라 토건업이나 건축업 역시 마찬가지이다. 그는 모르는 것도 전혀 개의치 않았다. 모르는 것은 배우고 익히면 된다고 믿었다.

그는 무엇이든지 일단 먼저 시작하고 온몸으로 부딪치며 해결해 나갔다. 어떻게 보면 무모하고 저돌적으로 보이지만, 그 이면엔 뛰어난 집중력과 창의적인 도전정신으로 무장되어 있었기에 가능했던 것이다. 고도의 집중력은 정주영의 성공 에너지였다. 정주영은 자신에게 있는 잠재력을 2배, 3배, 10배, 100배, 아니 그 이상으로 활용한 사람이다.

자신에게 주어진 잠재력을 10%만 활용한다고 해도 충분히 자신이 하는 일을 성공적으로 이끌어 낼 수 있다고 한다.

당신도 할 수 있다고 믿고 행하라. 사람이 해서 안 되는 일은 없지 않은가? 당신이 성공하여 행복한 인생으로 살기를 원한다면 고도의 집중력을 길러라. 집중력이 곧 성패를 결정하는 열쇠이다.

| 마인드 스터디 |

- 집중력이 성패를 결정한다. 집중력은 자신이 하는 것에 대해 다른 생각을 하거나 한눈팔지 않고 완전히 몰입하는 것을 말한다. 집중력을 키워야한다는 것은 누구나 알고 있지만, 그것을 실천으로 옮기는 데는 매우 약하다. 끈기와 인내심이 부족하기 때문이다. 아무리 생각이나 취지가 좋아도 실천하지 않으면 아무 소용이 없다.

- 집중력을 길러라. 집중력은 그 사람이 지닌 원초적인 능력을 최대한 끌어올리게 한다. 이는 집중력이 분산하는 능력을 하나로 모아주기 때문이다.

- 사람에겐 무궁무진한 잠재력이 있다. 자신에게 있는 잠재력을 2배, 3배, 10배, 100배, 아니 그 이상으로 최대한 활용하라. 자신에게 주어진 잠재력을 10%만 활용한다고 해도 충분히 자신이 하는 일을 성공적으로 이끌어 낼 수 있다. 그런데 자신의 잠재력을 2배, 3배 발휘해보라. 그 결과는 매우 놀랍게 나타날 것이다.

나의 사전에 실패란 없다고 생각하라, 언제나 인생을 낙관적으로 바라보라

실패의 두려움을 마음속에서 걷어내라

대개 사람들은 새로운 일을 시도 할 때 실패의 두려움에 빠져 있다는 것을 알 수 있다. '이번에 하는 일이 잘 안 되면 어떡하지?' 라는 생각으로 가득 차 있다. 그런데 분명히 알아야 할 것이 있다. 자신이 하는 일에 성공을 확신하는 사람들은 '이번 일을 망치면 어떡하지?' 하는 걱정 따위는 하지 않는다는 것이다. 그런 걱정을 하는 시간에 '이번 일도 잘 될 거야'라고 생각하며 더 나은 길을 찾기 위해 최선의 노력을 한다. 이를 생각의 차이라고 하는데 긍정적인 사고를 갖느냐, 부정적인 사고를 갖느냐에 따라 일의 결과는 엄청난 차이를 보인다는 사실을 간과해서는 안 될 것이다.

　미국 자동차 빅 쓰리(포드, 제너럴 모터, 크라이슬러) 중 하나인 크라이슬러! 이 자동차회사를 설립한 크라이슬러는 어느 날 시카고에서 열린 자동차 전람회를 다녀온 뒤 자동차 회사를 설립하겠다는 결심을 한다. 반짝반짝 빛나는 멋진 자동차의 모습이 자꾸만 떠오르며 그의 마음을 가득 채웠던 것이다. 그는 자동차에 전혀 문외한이었다. 하지만 그는 자신의 꿈을 실현하기 위해 친구의 도움을 받아 은행에서 대출 받은 돈으로 자동차를 구입했다.

　크라이슬러는 회사일이 끝나면 곧바로 창고로 달려갔다. 그는 그곳에서 한 번도 타지 않은 새 차를 분해해서 밤이 새도록 자동차 연구에 몰두하였다. 그러자 마을 주민들의 성화가 이만 저만이 아니었다. 생각해 보라. 허구한 날 쿵쾅거리며 시끄럽게 굴어대니 어찌 그냥 있을 수 있겠는가? 하지만 그는 주민들의 원성을 뒤로한 채 연구에만 몰두하였다. 그는 마치 미친 사람 같았다. 그러기를 3개월이 지난 어느 날, 그는 불을 끄고도 자동차를 조립할 수 있었다. 자동차의 구조에 대해 완전히 터득한 것이다.

　드디어 그가 만든 자동차를 시운전 하는 날이 되었다. 그 모습을 보기 위해 수백 명의 사람들이 몰려들었다. 회심의 미소를 지며 크라이슬러가 시동을 거는 순간 요란한 엔진의 굉음과 함께 자동차가 덜컹거렸다. 이에 놀란 구경꾼들은 혼비백산하여 이리저리 흩어졌다. 실패였다. 그가 열심히 연구하여 만든 자동차였지만 결과는 너무도 참담했다. 차는 흙바닥에 나뒹굴며 저만치 날아갔다.

　그러나 크라이슬러는 실망하지 않았다. 또 다시 그는 실패의 원인을 찾기에 몰두하였다. 이렇게도 해보고 저렇게도 해보며 최선의 노력을 다했다. 지성이면 감천이라고 했던가. 그의 열정은 그에게 놀라운 결과를 가져다주었다. 또 다시 열린 시운전에서 드디어 성공을 했던 것이다. 그는 자신감으로 충만했다. 그에겐 못할 것이 없었다. 그는 다니던 철도 회사를 그만두고 우여곡절 끝에 자동차 회사를 설립하였다. 이 회사가 바로 그의 이름을 딴 지금의 '크라이슬러'이다. 크라이슬러는 수도 없이 실패를 거듭하면서도 절대로 포기하지 않았던 것이다. 그랬기에 결과는 너무나도 달콤하고 행복했다. 그가 힘들다고 포기했더라면 어찌 되었을까? 그는 인생의 실패자가 되어 두고두고 자신의 무능을 탓하며 부정적인 사람으로 살게 되었을 것이다.

실패는 사람이라면 누구나 겪는 일이다. 사람들은 실패를 통해

◉ 실패의 두려움을 마음에서 걷어내는 법

01. 실패는 누구나 하는 자연스러운 일상으로 생각하라.
02. 실패는 '성공의 디딤돌'이라고 여겨라.
03. 성공한 사람들은 대개 실패의 쓴잔을 많이 맛본 사람들임을 기억하라.
04. 실패는 성공에 있어 필요의 어머니라고 생각하라.
05. 매사를 긍정적으로 생각하라.
06. 낙관하고 능동적으로 행동하라.

더욱 성숙한 삶을 살게 되는데, 이는 실패는 값진 교훈을 가져다주기 때문이다. 사람들은 실패의 교훈을 통해 자신이 어떻게 해야 하는지를 깨닫고 새로운 방법을 모색하게 된다. 그런데 실패 없는 삶을 살려고만 하면 실패가 주는 인생의 참 교훈을 알 수 없다. 그래서일까, 성공한 사람들은 대개 실패의 쓴잔을 많이 맛본 사람들이다. 어떻게 보면 아이러니라고 할 수도 있지만, 그만큼 실패는 성공하는데 있어 필요의 어머니인 것이다. 당신은 절대로 실패를 두려워하지 말라. 실패가 찾아와도 좌절하지 말고 두려워하는 못난이가 되어서는 안 될 것이다. 실패의 다른 이름은 '성공의 디딤돌'이기 때문이다.

나의 사전에 시련은 있으나 실패는 없다고 생각하라

정주영은 대구와 거창을 연결하는 고령교 복구공사를 맡게 되었다. 이 공사는 1950년대 초까진 정부 발주공사로는 최대 규모였다. 지금의 관점에서 보면 자본이나 기술적 측면에서 아무것도 문제 될 게 없는 지극히 평범한 공사이지만, 그 때의 우리나라 경제적 수준이나 기술면에서는 대단한 공사였다. 그 공사를 성공적으로 마치면 넉넉한 공사대금은 물론, 현대라는 회사의 입지를 탄탄하게 굳힐 수 있는 좋은 기회였다. 그래서 그는 기대에 들떠있었다.

그러나 기대와 달리 공사는 처음부터 난항이었다. 교각은 기초만 남아 있었고, 6·25 전쟁으로 파괴된 상부 구조물은 그대로 강물에 잠겨있었다. 더구나 장비라고는 20톤짜리 크레인 한 대와 믹서기 한 대, 컴프레서 한 대가 고작이었다. 이를 보더라도 그 당시 우리나라 건설수준이 어떠했는지 짐작이 가고 남을 것이다.

하지만 그는 이에 굴하지 않고 굳은 의지를 갖고 공사에 임했다. 그러나 안타깝게도 공사를 착공한지 1년이 지나도록 교각 한 개도 세우지 못했다. 물살이 세고 홍수로 인해 어려움이 많았기 때문이다. 게다가 정주영을 더 힘들게 한 것은 천정부지로 치솟은 물가 때문에 자금 압박을 받은 것이다. 물가가 공사를 시작할 때보다 무려 120배나 올랐다. 미군이 발주한 공사에서 벌어들인 돈을 몽땅 다리 복구 공사비로 썼다.

여기서 우리는 정주영의 크나 큰 실수를 엿볼 수 있다. 전쟁 후라 모든 것이 원활하지 못했고 변수가 따르는 법인데 그걸 미처 생각지 못한 것이다. 경쟁사를 물리치고 정부로부터 큰 공사를 따냈다는 자부심만으로 그의 생각은 변수가 있을 수도 있을 거라는 취약점을 보지 못했던 것이다. 천하의 그도 어쩔 수 없는 실수를 하고 만 것이다. 돈을 버는 것은 고사하고 회사의 재정을 바닥내고 집까지 처분한 끝에 가까스로 고령교 복구공사를 끝마쳤다.

정주영이 초기에 겪은 시련은 시련치고는 너무나 가혹했다. 하지만 그는 비싼 수업료를 내며 인생 공부와 사업 공부를 했다고 여겼다. 그러자 실패했다는 생각이 그의 마음속에서 사라져버리고 더욱 강인한 신념을 갖게 되었다.

"그 때 그것은 시련이었지 실패는 아니었습니다. 내가 실패라고 여기지 않는 한 그것은 실패가 아닙니다. 나는 생명이 있는 한 실패를 믿지 않습니다. 내가 살아 있고 건강한 이상 나에게 시련은 있을지언정 실패는 없습니다."

이 말에서 보듯 정주영은 그만큼 자신이 하는 일에 대해 긍지와 자신감이 넘쳤다. 이런 강한 자부심이 그에게 정신적 안정감을 주었던 것이다. 이런 정신적 안정감은 어떤 일을 하는데 있어 능동적이고 긍정적인 생각을 갖게 한다. 그래서 웬만한 시련에도 굴복하지 않고 어지간한 실패는 실패로 여기지도 않게 된다.

많은 사람들이 몇 번 해보고 안 되면 쉽게 포기해버린다. 그러나 정주영은 될 때까지 몇 번이고 했다. 바로 이런 점이 그를 실패에 떨지 않는, 실패를 우습게 여기고 실패를 성공의 디딤돌로 삼아 진정한 인생의 승리자가 되게 했던 것이다.

언제나 인생을 낙관적으로 바라보라

정주영은 항상 인생을 낙관적으로 생각했다. 이런 낙관적인 생각은 사람을 능동적이고 긍정적으로 만든다. 그래서 시련이 파도처럼 밀려오고, 고통이 산처럼 높이 쌓여도 쓰러지는 법이 없다. 오히려 그것을 교훈삼아 새로운 길을 모색하는 지혜를 발휘한다.

삶을 즐기고 긍정적으로 바라보는 마음은 참으로 소중하다. 정주영은 고령교 공사에서 진 빚을 갚는데 장장 20년이 걸렸지만, 결코 억울해하거나 아까워하지 않았다. 그는 그 일을 통해 두 번 다시는 그런 어처구니없는 일을 겪은 적이 없다. 그는 자신의 주변 사람들이나 임직원들에게 늘 이렇게 말하곤 했다.

"낙관합시다. 긍정적으로 살아야합니다."

그는 낙관적이고 긍정적인 사고방식으로 무장하여 모든 역경을 물리치고 성공적인 인생이 되었던 것이다.

| 마인드 스터디 |

- 실패의 두려움에서 벗어나라. 실패는 사람이라면 누구나 하는 일상적인 일에 불과하다. 사람들은 실패의 교훈을 통해 자신이 어떻게 해야 하는지를 깨닫게 되고, 나아가 새로운 방법을 모색하게 됨으로써 성공에 이르게 되는 것이다. 실패의 다른 이름은 '성공의 디딤돌'이다.

- 나의 사전에 시련은 있으나 실패는 없다고 생각하라. 이런 강한 자부심은 정신적 안정감을 준다. 정신적 안정감은 어떤 일을 하는데 있어 능동적이고 긍정적인 생각을 갖게 한다. 그래서 웬만한 시련에도 굴복하지 않고 어지간한 실패는 실패로 여기지도 않게 된다. 이런 강한 자신감이 성공적인 인생이 되게 하는 것이다.

- 항상 인생을 낙관적으로 생각하라. 낙관적인생각은 사람을 능동적이고 긍정적으로 만든다. 그래서 시련이 파도처럼 밀려오고 고통이 산처럼 높이 쌓여도 쓰러지는 법이 없다. 오히려 그것을 교훈삼아 새로운 길을 모색하는 지혜를 발휘하게 되는 것이다.

상황을 꿰뚫어보는 능력을 길러라, 센스 있는 임기응변은 위기를 기회로 만든다

상황에 따른 대처능력을 길러라

성공적인 사람들은 상황을 꿰뚫어보는 인지능력이 뛰어났다. 상황을 제대로 꿰뚫어 본다는 것은 자신에게 주어진 일을 해나가는데 있어 큰 도움이 된다. 왜냐하면 자신이 하는 일에 대한 분석과 전망에 대한 예측은 물론, 예고 없이 발생하는 갑작스러운 일에 대해서도 능동적으로 대처할 수 있는 힘이 되기 때문이다. 이런 상황판단 능력은 태어날 때부터 타고 나는 선천적인 영향이 강하지만 학습훈련을 통해서도 얼마든지 기를 수 있다.

상황판단 능력을 다른 말로는 감(感)이라고 한다. '감이 좋다, 감이 나쁘다'는 말은 바로 이러한 상황판단 능력을 두고 하는 말이다. 예를 들어 축구에서 명골키퍼와 보통의 골키퍼의 차이는 연습을 얼마나 많이 했느냐에 의해서 가려지는 게 당연하지만, 타고난 감에 의해서 더한층 분명하게 드러난다. 그러나 선천적으로는 감이 떨어지더라도 꾸준한 연습을 하다보면 감각이 발달하게 되고, 그것이 몸에 배어 잘 맞는 옷처럼 자연스러워진다. 유능한 펀드 매니저 역시 선천적으로 타고난 감에다 풍부한 반복경험을 통해 감각을 익히게 되어 더욱 더 감을 높이게 되는 것이다.

선천적인 상황판단 능력이나 후천적으로 습득한 감이 현실을 직시하는데 있어 중요한 것은 성공적인 인생이 되느냐, 그러지 못하느냐에 매우 중요한 역할을 하기 때문이다.

정주영은 상황판단 능력이 매우 뛰어났는데, 그의 이런 능력은 선천적으로 타고난 바탕 위에 후천적 노력으로 습득한 것이다. 한 마디로 그는 감(感)의 귀재였다. 그는 기업을 경영하면서 크고 작은 일에서 그 누구도 견줄 수 없는 탁월한 감으로 위기를 기회로 만

◉ 상황에 따른 대처능력을 기르는 방법

01. 어려운 일에서도 당황하지 말고 침착하게 대응하라.
02. 임기응변을 길러라.
03. 마음을 다스리는 책을 읽고 마인드 컨트롤 능력을 길러라.
04. 여유 있는 마음의 습관을 들여라.

들었고, 결국엔 성공으로 이끌어냈던 것이다. 그의 탁월한 능력은 사람들에게 깊은 영향을 주었고, 이는 정주영을 보통사람들과 구별 짓는 잣대가 되기도 한다.

센스 있는 임기응변은 위기를 기회로 만든다

정주영은 어떤 상황에 대처하는 능력이 매우 탁월하다고 앞에서 밝혔다. 그에 대한 많은 일화가 있지만 그 중 두 가지만 살펴보기로 하자.

한국전쟁 때 일이다. 미국 대통령 당선자인 아이젠하워가 대통령 취임전인 1월에 한국을 방문한 일이 있다. 그런데 전쟁으로 모든 것이 파괴된 상태라 서울에 그가 묵을 만한 마땅한 숙소가 없었다. 그러자 미군에서는 운현궁을 숙소로 결정하고 수세식 화장실 설치와 보일러 난방시설 및 내부인테리어를 현대에 의뢰하였다. 공사만 잘 끝내주면 공사비의 두 배를 보너스로 주겠다는 말까지 하며… 정주영은 그때 까지만 해도 양변기가 어떻게 생겼는지 한 번도 본적도 없지만 대뜸 한 번 해보겠다며 자신 있게 말했다. 공사 시한은 15일 이었다. 계약서에 사인을 하자마자 그는 곧바로 인부들을 데리고 용산으로 갔다. 그는 피난으로 비어있는 고물상을 샅샅이 뒤지기 시작했다. 그리고 눈에 띄는 대로 보일러 통, 파이프, 세면대, 욕조, 양변기들을 실어다 즉시 공사에 들어갔다.

"지금 우리는 중요한 작업을 하고 있습니다. 날짜를 맞추기 위해서는 서둘러야 합니다. 이 일은 우리 현대의 신의와 명예가 달려있습니다."

정주영은 인부들에게 엄중하면서도 단호하게 말했다. 그는 하루 24시간을 쉬지 않고 10일 동안 꼬박 일을 강행한 끝에 공사를 마쳤다. 그런데 문제가 발생했다. 시운전 도중 보일러 라디에이터에서 증기가 새어나와 실내 전체를 구름 속에 파묻힌 것처럼 만들어 버린 것이다. 그는 즉시 문제점 파악에 들어갔고, 이틀 만에 다시 완벽하게 완성시켰다.

"오, 이럴 수가! 감사합니다. 현대 넘버원입니다!"

이를 본 미군 관계자는 매우 기뻐하며 약속대로 두 배의 공사비를 주었다. 그는 한 번도 본적이 없는 양변기 설치와 보일러 공사를 위해 용산에 있는 고물상을 뒤지는 순발력을 발휘했던 것이다. 누구도 생각지 못한 그만의 발상이었다.

미군 관계자는 정주영이 첫 번째 일을 성공적으로 해내자 또 다른 제의를 했다. 아이젠하워가 부산에 있는 유엔군 묘지를 방문하는데, 허허벌판인 주변을 파랗게 단장해 달라고 했다. 그것도 엄동설한에…

"그래요? 좋습니다. 그렇게 하지요."

이번에도 그는 흔쾌히 대답을 했다.

"아니, 이 엄동설한에 어떻게 하려고?…"

그를 지켜보는 회사 임직원들은 당황해 하였지만 그는 아주 태연자약했다.

"자, 지금 곧바로 그 근방에 있는 농가를 뒤져 보리를 밭떼기로 사게."

정주영은 매제인 김영주를 시켜 낙동강 인근을 샅샅이 뒤져 보리밭을 통째로 사서 파란 보리들을 파다 유엔묘지에 심으라고 지시했다. 마음 졸이던 임직원들은 그때서야 '역시!'하고 안도의 한숨과 미소를 지었다. 정주영의 아이디어는 참으로 놀랍도록 기발했던 것이다.

일은 일사천리로 진행되었다. 유엔군 묘지에 보리 떼를 입히자 황량하기 그지없던 유엔군 묘지가 파랗게 단장되었다. 참으로 놀라운 광경이었다. 그것을 본 미군 관계자는 연신 '원더풀!'을 외치며 기쁨을 감추지 못했다. 그리고 약속대로 공사의 세배를 보너스로 주었다.

두 가지 일화에서 보듯 정주영의 상황에 대처하는 센스는 놀랍도록 탁월했다. 정주영처럼 기업을 경영하던 그 무엇을 하던 간에 그때그때 주어지는 상황에 대처하는 능력이 좋아야한다. 이는 창의적 아이디어로써 매우 요긴하게 활용되어지기 때문이다.

정주영의 기발하고 기상천외한 상황대처 능력은 그가 성공의 길을 가는데 매우 중요하게 작용했던 것처럼, 당신도 당신이 하는 일에 있어 성공적인 결과를 이끌어내고 싶다면 어떤 상황에서도 반드시 해낼 수 있는 자심감과 능력을 길러야 한다.

"머리는 쓰라고 있는 것입니다. 내 머리는 생각하는 머리입니다."

이는 정주영이 평소에 즐겨하던 말이다.

자신이 맡은 일은 끝까지 책임져라

자신이 맡은 일을 끝까지 책임을 지는 자세가 필요하다. 끝까지 책임지는 자세는 상대방에게 믿음을 주고 자신을 신뢰하게 만든다.

요즘 젊은이들은 기성세대에 비해 책임감이 다소 떨어지는 것 같다. 그 반면에 자기가 챙길 것은 꼭 챙기려고 한다. 이는 개인주의 성향이 강하다보니 자신도 모르는 사이에 의식화되었기 때문이다. 그러나 책임감을 소홀히 해서는 안 된다. 자신에게 주어진 일에 책임을 지지 않는다면 그 일을 다른 누군가가 해야 하는데, 어느 누구도 자신의 일을 놔두고 남의 일을 떠맡으려 하지는 않는다. 복잡한 사회구조 속에서 책임져야 할 일은 점점 늘어만 가는데 자신의 일에 책임을 소홀히 한다는 것은 자신은 물론 자신이 속한 직장이나 사회에 대한 직무유기이다.

이런 관점에서 볼 때 정주영은 한 점 부끄럼 없는 삶을 살았다. 그는 자신에게 주어진 일은 물론 자신이 한 약속은 무슨 일이 있어도 책임지고 성공적으로 완수했다. 이런 적극적이고 깔끔한 일처리는 많은 기업과 사람들에게 믿음을 주었다. 그랬기에 그는 기업의 생명인 신뢰를 튼튼하게 구축하여 성공적인 인생이 되었던 것이다.

| 마인드 스터디 |

- 상황을 꿰뚫어보는 능력을 길러라. 상황을 제대로 꿰뚫어 본다는 것은 자신에게 주어진 일을 해나가는데 있어 큰 도움이 된다. 왜냐하면 자신이 하는 일에 대한 분석과 전망에 대한 예측은 물론, 예고 없이 발생하는 일에 대해 능동적으로 대처할 수 있는 힘이 되기 때문이다.

- 센스 있는 임기응변은 위기를 기회로 만든다. 기업을 경영하던 그 무엇을 하던 간에 그때그때 주어지는 상황에 대처하는 능력이 좋아야한다. 이는 창의적 아이디어로써 매우 요긴하게 활용되어지기 때문이다.

- 자신이 맡은 일에 끝까지 책임지는 자세를 길러라. 끝까지 책임지는 자세는 상대방에게 믿음을 주고 자신을 신뢰하게 만든다. 이는 책임감이 더욱 요구되는 현대사회에서 반드시 갖추어야 할 성공인의 덕목이다.

미래를 예측하는 눈을 길러라,
미래의 성공은 최선을 다 하는 자들의 것이다

미래를 내다보는 눈을 길러라

　미래가 없다면 오늘을 열심히 살아가야 할 이유를 못 느낄 것이다. 미래가 없는데 머리가 아프도록 공부하고, 몸이 부서져라 열심히 일할 필요가 있을까? 다만 오늘을 되는대로 살면 된다고 생각할 것이다. 오늘만 있고 미래가 없는 삶은 생각하는 것만으로도 숨이 막힌다. 다행히도 사람들에겐 미래라는 새로운 세계로 나아가는 길이 열려있다. 그 길은 누구나 갈 수 있고, 누구에게나 새로운 세계의 문을 열어놓고 들어오길 기다린다. 그 길은 만인의 길이며 만인의 집이다.
　그러나 그 길을 가기 위해서는 자신만의 목표를 세우고 체계적으로 나아가야 한다. 땀 흘리는 일을 게을리 해서는 안 되고, 많은 책을 읽으며 새로운 세계를 위해 착실하게 대비해 나가야한다. 미래는 목표를 세우고 최선을 다하는 자만이 갈 수 있는 새로운 세계이다.

성공한 사람들은 자신의 미래를 설계하고 그 설계에 따라 인생지도를 그려나갔다. 인생지도를 잘 그리고 못 그리느냐에 따라 인생의 성패가 달려있다. 성공한 사람들은 자신의 인생지도를 잘 그리기 위해서 철저하게 준비했다. 한 점 흐트러짐 없이 계획을 세우고, 그 계획에 따라 하나씩 하나씩 실천으로 옮겼다. 그리고 목표를 이룰 때마다 자만하지 않고 더욱 겸허한 마음으로 다음 단계를 향해 나아갔다. 그러는 과정에서 문제가 나타나면 심사숙고해서 문제점을 고치고, 새로운 방법을 찾아내 최선을 다한 끝에 성공에 이른 것이다. 그런데 사람들은 대개 성공한 사람들의 화려한 지금 모습만을 동경하는 경향이 있다. 그래서 무턱대고 따라하다가 중도에서 실패하는 경우가 많다. 그것은 매우 잘 못된 생각이다. 성공한 사람들이 성공할 수 있었던 과정을 유심히 살피고 분석해서 자신에게 맞는 방법을 찾아내 실행하는 것이 실패를 줄이고 자신의 목표를 이룰 수 있는 지혜이다. 거기다 자신의 미래를 내다볼 수 있는 눈을 갖는다면 성공의 길은 더욱 가까이 다가 올 것이다.

미래는 그 미래를 자신의 것으로 삼으려고 최선의 노력을 다하는 자에게 문을 열어주고 영광의 면류관을 씌어준다는 사실을 잊지 마라.

미래의 성공은 최선을 다 하는 자들의 것이다

꿈이 크고 이상이 높다고 해서 미래의 주인공이 되는 것은 아니다. 꿈이 크고 이상이 높으면 그 이상의 노력을 해야만 한다. 말만 앞세운다고 해서 이루어지는 것은 어디에도 없다. 도깨비방망이처럼 자신이 원하는 것을 얻을 수만 있다면 좋겠지만 그것은 단지 흥미로운 이야기에 불과할 뿐이다.

◉ 미래를 내다보는 눈을 기르는 자세

01. 자신이 꿈꾸는 미래에 관한 책을 많이 읽어야 한다. 흔히 하는 말이지만 책속에 길이 있다는 말처럼, 자신이 하고 싶은 일에 관한 책을 많이 접하다보면 많은 것을 알게 되고, 자신의 미래를 준비할 수 있는 지혜를 구할 수 있다.

02. 자신의 미래와 관련된 세미나나 강좌를 활용하라. 자꾸 보고 들어야 귀가 열리고 새로운 시각이 생기는 것이다. 가만히 앉아 있는데 떡 줄 사람은 그 어디에도 없다. 떡이 먹고 싶다면 스스로 떡을 만들어 먹어야 하듯 자신의 미래를 위해서는 몸을 사리지 말고 열심히 뛰어라.

03. 신문이나 잡지 등을 꼭꼭 챙겨 읽어라. 신문과 잡지를 꾸준히 읽다보면 자신이 하고 싶은 일과 관련 된 기사가 있을 것이다. 그럴 때마다 스크랩을 하고 참고서처럼 활용하라.

04. 자신이 하고 싶은 분야에서 성공한 사람이 있을 것이다. 그 사람을 자신의 멘토로 삼아 그가 한 것을 따라서 해 보라. 그를 닮아가다 보면 자신도 모르는 사이에 성공한 사람이 되어 있을 것이다.

정주영은 이에 대해 확실하게 가르쳐준다. 그는 아무것도 가진 것이 없는 산골 소년이었다. 14살에 초등학교를 졸업하고 부모를 도와 농사일을 하는 게 그에게 주어진 현실이었다. 그러나 그는 미래를 내다볼 줄 아는 영리하고 지혜로운 소년이었다. 그는 농사를 지어선 도저히 가난을 벗어날 수 없다고 생각했다. 그는 잘 살고 싶었다. 지긋지긋한 가난에서 벗어나기 위해서라면 무슨 일이라도 해야겠다고 일찌감치 결심을 했던 것이다. 그는 농사꾼이 되라는 아버지의 재촉을 뒤로 하고 자신의 미래를 찾아 고향을 떠나 새로운 세계를 향해 나아갔다. 그 길은 그 자신만이 홀로 가야하는 외로운 길이었고, 어느 누구도 도움을 주지 않는 길이였지만 그는 묵묵히 그 길을 향해 한발 한발 나아갔다.

'뜻이 있는 곳에 길이 있다'는 말처럼 그는 주어진 일에 최선을 다했다. 하지만 그의 노력이 지나쳐 어떨 땐 남들이 보기에 맨땅에 헤

◎ 정주영이 꿈을 이룬 법

01. 믿음과 신뢰를 바탕으로 최선을 다했다.
02. 문제점이 발생하면 즉시 고쳤다.
03. 오늘의 만족이 아니라, 날마다 내일인 미래를 꿈꿨다.
04. 근면과 성실한 자세로 일관하였다.
05. 미래를 설계하고 그 설계에 따라 인생지도를 그려나갔다.
06. 겸허한 마음 자세로 사람들과 교류했다.
07. 치밀한 계획을 세우고 철저하게 실천에 옮겼다.

딩을 하는 것처럼 무모해 보일 때도 있었고, 무소의 뿔처럼 위험해 보일 때도 있었다. 그러나 정주영은 누가 뭐라고 하던 개의치 않았다. 그는 앞만 보고 나아갔다. 그랬더니 그에게 새로운 길이 열리기 시작했다. 아무것도 없는 그에게 도와주려는 사람들이 여기저기서 생겨나기 시작했던 것이다. 그에게 새로운 길로 나아갈 수 있는 길이 열린 것이다.

아무것도 가진 게 없는 정주영은 믿음과 신뢰를 바탕으로 최선을 다했다. 그가 할 수 있는 최선의 방책은 믿음과 신뢰로써 상대방에게 자신을 인정받는 것이었다. 그러자 그의 길은 점점 더 넓어지기 시작했다. 그는 한 계단 한 계단 계단을 오르는 마음으로 미래를 향해 나아갔다. 그러자 또 다른 새로운 세계가 그를 기다리고 있었다.

이런 과정을 수백, 수천 번도 더 겪으며 그는 대한민국 최고의 기업인이 되었던 것이다. 미래를 내다보는 정주영의 탁월한 눈이 그를 성공한 인생이 되게 한 것이다.

오늘에 절대 안주하지 마라

오늘에 안주하는 사람을 미래는 달가워하지 않는다. 오늘에 안주하는 사람은 미래를 생각하지 않기 때문이다. 오늘이 가면 내일이 오고, 내일이란 오늘이 오면 또 내일이란 미래가 기다리고 있는 게 세상의 순리이다. 그런데 미래를 생각하지 않는다면 그것은 자신의 삶을 퇴보시키는 일이다.

오늘에 만족하는 사람은 오늘 뿐이지만, 미래를 기다리며 나아가는 사람에게 미래는 날마다 오늘이다. 오늘이란 제한된 시간을 사느냐, 날마다 미래인 내일을 사느냐 하는 것은 각자가 결정해야 할 몫이다. 그렇다면 무슨 선택을 해야 할까? 바보가 아닌 이상 그것은 당연히 오늘의 만족이 아니라 날마다 내일인 미래일 것이다.

　빛나는 미래를 위해서 오늘 최선을 다하라. 오늘이 빈약하면 내일도 빈약할 수밖에 없다. 그러나 오늘이 풍족하면 내일도 풍족하게 맞을 수 있고, 그 다음 날은 더 나은 내일을 맞을 수 있는 것이다. 당신은 오늘에 절대 안주하지 마라.

| 마인드 스터디 |

- 자신의 미래를 내다보는 눈을 길러라. 자신의 미래를 내다 볼 수 있는 눈을 기르기 위해서는 많은 책을 읽어라. 책속엔 수많은 길이 있고 지혜의 숨결이 담겨있다. 책의 숲길에서 지혜와 정보와 새로운 아이디어를 찾아 자신의 미래를 철저하게 세우고 성공의 길로 나아가라.

- 미래는 미래를 위해 최선의 노력을 다 하는 자들의 몫이다. 꿈이 크고 이상이 높다고 해서 미래의 주인공이 되는 것은 아니다. 꿈이 크고 이상이높다면 그 이상의 노력을 해야 한다. 말만 앞세운다고 해서 이루어지는 것은 어디에도 없다.

- 오늘에 절대 안주하지 마라. 오늘에 안주하는 사람을 미래는 달가워하지 않는다. 오늘에 안주하는 사람은 미래를 생각하지 않기 때문이다. 오늘이 가면 내일이 오고 내일이란 오늘이 오면 또 내일이란 미래가 기다리고 있는 게 세상의 순리다. 그런데 미래를 생각하지 않는다면 그것은 자신의 삶을 퇴보시키는 일이다. 그러므로 오늘에 만족하는 사람은 오늘 뿐이지만, 미래를 향해 나가는 사람에게 미래는 날마다 오늘이다.

남들이 'No'라고 할 때 'Yes'라고 말하라, 해서 안 되는 일은 없다

자신만의 주체성을 지녀라

주체성이란 그 사람만의 정신적 뼈대를 말한다. 그래서 주체성이 있는 사람과 없는 사람은 현격한 차이를 보인다. 주체성이 없는 사람은 자기 주관도 없고 매사에 지지부진하다. 하지만 주체성이 있는 사람은 자기 주관이 분명하고 매사에 빈틈이 없다. 또한 자신의 마음을 억지로 꾸미거나 둘러대지 않는다. 좋고 싫은 것을 명확하게 표현하며, 자신의 의사를 당당하게 밝힐 줄 안다.

주체성이 있는 사람은 자신만의 색깔을 가지고 있다. 그래서 남의 것을 따라 하거나 억지로 흉내 내지 않는다. 남에게는 없는 자신만의 것, 이를 개성이라고 하는데 주체성이 강한 사람이 개성 또한 강하다.

현대사회는 개성이 뚜렷한 사람을 원한다. 연극배우가 되던 탤런트가 되던 영화배우가 되던 가수가 되던 작가가 되던 시인이 되던 직장인이 되던, 그 무엇이 되던 자신만의 색깔이 분명해야 자신을 도드라지게 드러낼 수 있고, 경쟁사회에서 남보다 앞서갈 수 있다. 그런데 우리 사회에는 남이 힘들게 이루어 놓은 것을 힘들이지 않고 모방하는 사람들이 많다. 그것은 개인적인 것이든 회사 일이든 간에 옳지 못한 일이다. 남의 것을 죽자 살자 무조건 따라서 하면 창의성을 기를 수 없고, 개성적이지도 못해 자신의 인생에 그다지 도움이 되지 않는다. 왜냐하면 자기다운 것을 보여줄 수 없기 때문이다.

남들이 'No'라고 할 때 'Yes'라고 말하라

정주영은 자신의 생각과 다른 것은 단호하게 거절하였다. 그렇다고 해서 그가 융통성 없이 꽉 막힌 사람은 아니다. 그는 어떤 것을 받아들이고 어떤 것을 거부할지를 확실히 판단할 줄 아는 사람이었다.

우리나라의 최대 다목적 댐인 소양강댐을 건설할 때의 일이다. 소양강댐은 재원 일부를 대일청구권 자금으로 충당하게 되어있었고, 일본공영이 설계에서 기술용역 등을 담당하게 되었다. 그런데 일본공영의 설계는 콘크리트중력댐이었다. 그는 여기에 문제가 있음을 알았다. 콘크리트중력댐으로 건설하면 막대한 돈이 일본으로 건너간다는 사실이다. 일본공영이 콘크리트중력댐으로 설계한 저의가 숨어있음을 알았던 것이다.

  정주영은 소양강댐이 들어설 곳 주변에 지천으로 널려 있는 자갈과 모래를 사용하여 사력댐으로 건설하면 콘크리트댐에 비해 많은 돈을 줄일 수 있다는 생각을 했다. 그는 즉시 정부당국에 사력댐으로 건설하자는 의견을 제시했다. 건설업자가 정부가 결정한 일에 대해 의견을 제시한다는 것은 당시로서는 어불성설이었다. 왜냐하면 일개 건설업자가 정부에서 하는 일에 이러쿵저러쿵 이의를 단다는 것은 비상식적이고, 보통 배짱으로는 할 수 없는 일이었기 때문이다.

  그러나 정주영은 그것을 알고도 자신의 의견을 제시했던 것이다. 당연히 당국에서는 기분이 좋을 리가 없었다. 정주영의 의견은 당국의 권위를 무시하고 세계 굴지라는 일본공영에 대한 정면 도전과도 같은 것이었다. 그 즉시 정주영의 현대건설은 당국의 주무관서와 일본공영의 반발을 사며 냉대를 받아야 했다. 하지만 그는 눈 하나 깜빡하지 않았다. 그에게는 그만의 잠신감과 신념이 있었기 때

주체성을 기르는 법

01. 자기만의 색깔을 가져라.
02. 남의 것을 따라 하거나 억지로 흉내 내지 마라.
03. 개성적이고 풍부한 창의력을 길러라.
04. 주관을 분명히 하고 행동하라.

문이었다. 정주영은 그대로는 물러설 수가 없어 3자 연석회의를 제의했다. 현대건설에서는 정주영과 전갑원 토목기사가, 일본공영에서는 동경대 출신 하시모토 부사장이, 건설부와 수자원개발공사에서는 일류기술자들이 참석했다.

그러나 '초등학교밖에 안 나온 사람이 뭘 알겠느냐'며 무시만 당한 채 3자 연석회의는 소득 없이 끝나고 말았다. 하지만 그는 사력댐에 대한 자신의 의견을 추호도 굽히지 않았다. 콘크리트중력댐보다 사력댐이 훨씬 경제적이고 튼튼하다는 것을 알고 있었기 때문이다. 이런 정주영에게 힘을 실어준 사람이 있었다. 그는 바로 박정희 대통령이었다.

"나는 정 사장이 하는 말에 타당성이 있다고 생각합니다. 지금 당

정주영의 생존법

01. 길이 없으면 찾아서 갔고, 찾아도 없으면 길을 만들어서 갔다.
02. 남들이 'No'라고 말할 때 'Yes'라고 말했다.
03. 긍정적인 경영마인드로 일관했다.
04. 자신이 믿는 일엔 소신을 굽히지 않았다.
05. 자기만의 지식과 지혜를 겸비했다.
06. 풍부한 경험에서 오는 감을 최대한 활용했다.
07. 해보지 않는 일에 대해 두려워하지 않았다.
08. 혼자 무인도에서도 살아갈 수 있는 강인한 의지를 가졌다.
09. 일을 게임하듯 즐겁게 했다.

장 그의 의견을 검토를 하시오."

　박정희 대통령의 지시로 사력댐 검토에 들어갔다. 그리고 두 달 후 정주영은 자신을 찾아온 일본공영의 구보다 회장을 만나게 되었다. 구보다 회장은 우리나라 최초의 수력발소인 수풍댐을 만든 댐 건설의 권위자였다. 그는 정주영에게 최대한 예를 갖춰 말했다. "우리 회사 사장은 콘크리트댐의 전문가지 사력댐의 전문가는 아닙니다. 정 사장의 설계대로 우리가 조사를 해봤는데, 암반이 취약해 콘크리트댐보다는 사력댐으로 하는 게 낫겠습니다. 또 사력댐은 건설비가 절약되는 것도 사실입니다."

　일본공영의 구보다 회장의 말은 정주영에게 큰 힘을 실어주었다. 많은 우여곡절을 겪었지만, 소양강 다목적댐은 당초 예산의 30%를 줄여 사력댐으로 건설되었다. 정주영은 주무 부서인 건설부 앞에서도 'No'라고 단호하게 밝힌 끝에 자신의 생각대로 관철시키는 놀라운 능력을 보여준 사례이다. 이런 일은 그가 기업인으로 걸어오는 동안 무수히 많았다. 하지만 그는 누구 앞에서도 자신의 생각이 옳다고 여기면 자신의 소신을 굽히지 않았다.

　"길이 없으면 찾으면 되고, 찾아도 없으면 길을 만들면서 하면 됩니다."

　이 말은 정주영의 신념을 잘 드러내주는 말이다. 그의 생존법은 이처럼 언제나 주체적이었으며, 능동적이고 확신에 차 있었다.

해서 안 되는 일은 없다

　정주영은 해서 안 되는 일이 없다고 늘 긍정적이고 능동적인 자세로 말하곤 했다. 어떤 일을 할 때 자신이 할 수 있다고 생각한다면 자신감을 갖고 하라고 말했다.

　사람들에겐 크게 두 가지 현상이 나타나는데, 하나는 할 수 있다고 믿으며 실행하는 쪽과 또 하나는 할 수 없다고 포기하며 아예 시도조차 안하는 쪽이다. 그런데 후자에 속한 사람들이 훨씬 더 많다는 것이 문제이다.

　그렇다면 왜 이런 현상이 생기는 것일까? 그것은 무엇을 하는데 있어 겁을 내기 때문인데, 겁을 내서는 그 어떤 일도 할 수 없다. 가령, 두 명의 권투 선수가 있다고 가정 해 보자. 한 선수는 상대방이 자신보다 강해도 '나는 꼭 싸워서 이길 것이다'라며 강한 의지를 불태우는 반면, 다른 한 선수는 싸워보지도 않고 '나는 안 될 것 같아'라고 생각한다면 그 싸움은 이미 끝난 거나 마찬가지다. 이에 대한 구체적인 한 가지 예를 보도록 하자.

　세계 프로복싱 역사상 최고의 선수라고 불리는 무하마드 알리를 기억할 것이다.

　"나비처럼 날아 벌처럼 쏘겠다"며 상대방 선수에게 선전포고를 했던 그의 당당함을 우리는 지금도 기억한다. 그는 자신의 상대가 누구든 두려워하는 일이 없었다. 그가 누구든 자신은 이길 수 있다는 확신을 갖고 경기에 임했다. 그래서 그는 승승장구했다. 어느 누구도 그와 싸우면 철저하게 부서졌다. 딱 한 번 조 프레이저에게 진 것 외엔…

　그는 상대방을 공략하는데 있어 자신감처럼 확실한 방책은 없다고 생각했던 것이다. 그는 자신만의 주체성을 가지고 경기에 임한 끝에 헤비급 선수로는 3번이나 세계 챔피언에 오르는 위대한 복서가 되었다.

우리 주변에는 해보지도 않고 할 수 없다느니 하면서 애초부터 찬물을 끼얹는 사람들이 많이 있다. 이런 사람들이 항상 문제다. 이런 사람들이 있는 한 그 회사나 그 가정이나 그 학교는 더 이상의 발전을 기대할 수 없다. 부정적인 생각은 언제나 부정적인 결과를 낳는 법이니까.

당신이 이런 생각을 가진 사람이라면 당신의 성공을 결코 기대하지 마라. 삶은 그처럼 부정적이고 나약한 사람에게는 성공이라는 챔피언 벨트를 결코 채워주지 않는다. 자신이 남보다 더 나은 사람이 되기를 꿈꾼다면, 남들이 'No'라고 말할 때 'Yes'라고 말하라. 왜냐하면 길이 없으면 찾으면 되고, 찾아도 없으면 길을 만들면서 가면 되니까.

| 마인드 스터디 |

- 자신만의 주체성을 길러라. 주체성이 있는 사람과 그렇지 않은 사람은 현격한 차이를 보이기 때문인데, 주체성이 있는 사람은 자기 주관이 분명하다. 주체성이 있는 사람은 자신만의 색깔을 갖고 있다. 남의 것을 따라 하거나 억지로 흉내 내지 않는다. 남에게는 없는 자신만의 것, 이를 개성이라고 하는데 현대사회는 개성이 뚜렷한 사람을 필요로 하는 시대이다.

- 어떤 상황에서도 살아남는 강한 생존법을 배워라. 길이 없으면 찾으면 되고, 찾아도 없으면 길을 만들면서 가면 된다. 언제나 주체적이고 능동적이고 확신에 찬 신념을 가져라.

- 해서 안 되는 일은 없다. 하면 된다고 믿고 하라. 자신이 할 수 있다고 생각한다면 적극적으로 행하라. 삶은 부정적이고 나약한 사람에게는 성공이라는 챔피언 벨트를 결코 채워주지 않는다.

14 success mind
성공의 연금술

무엇을 하던 즐거운 마음으로 하라,
즐거운 마음은 자신의 능력을 배가 시킨다

무엇을 하던 게임처럼 즐겨라

무엇을 하던 즐거운 마음으로 하라. 즐거운 마음으로 하면 예상했던 것보다 훨씬 좋은 결과를 얻을 수 있다. 즐거운 마음으로 하면 마음에 부담이 없고, 마치 즐거운 게임을 하는 것처럼 생각되어지기 때문이다. 그런데 하기 싫은 마음으로 억지로 해 보라. 하는 것 자체가 심한 스트레스이고 짜증이 나서 온몸과 마음이 괴롭다. 이런 상태에서는 무엇을 하던 능률이 오르지 않는다.

생각해보라. 책을 좋아하는 사람은 아무리 많은 책을 읽어도 전혀 스트레스가 쌓이지 않는다. 마찬가지로 피아노 연주

하는 것을 즐거하는 사람은 피아노 치는 것이 전혀 힘들지 않다. 하지만 달리기를 싫어하는 사람에게 달리기를 시켜보라. 인상을 찌푸리며 이마에 주름살을 죽죽 새겨 넣을 것이다. 같은 일을 할 때에도 즐거운 마음으로 하는 것과 짜증내며 하는 것은 극과 극의 차이를 보인다. 즉, 마음을 어떻게 먹느냐에 따라 일의 성패가 달라지는데, 즐거운 마음은 긍정적인 생각을 주지만 짜증내는 마음은 부정적인 생각을 주기 때문이다.

정주영은 일을 게임처럼 즐겼다

정주영은 일하는 것을 늘 즐거워했다. 일을 할 땐 무언가 새로운 것을 기대할 수 있어 언제나 일하는 것이 놀 때 보다 신나고 좋았다. 그는 청소년시절 네 번이나 집을 가출을 했는데, 자신의 꿈을 실행하기 위해서였다. 소년 정주영은 늘 넓은 곳으로 가서 자신이 하고 싶은 일을 열심히 하면서 살겠다고 스스로에게 거듭 다짐을 하곤 했다.

그에겐 미래가 있고 꿈이 있었기에 부두 막노동도 즐거운 마음으로 했고, 쌀가게에서 쌀 배달을 할 때도 즐거운 마음으로 했다. 누가 보면 '뭐가 그리도 신이 날까'하고 물을 만큼 그는 아주 능동적이고 역동적으로 즐겁게 일했다. 그러자 정주영에게 전혀 생각지도 못했던 기쁜 일이 생겨나기 시작했다. 그가 즐거운 마음으로 열심히 일하는 것을 보고 쌀집 주인이 정주영에게 쌀집을 넘겨줄 테니 쌀가게를 운영해보라고 했던 것이다. 그리고 담보도 없이 돈을 빌려주는 사람도 생겼다. 정주영의 성실한 생활을 보고 그에게 신뢰를 갖게 되었기 때문이다.

오윤근! 그는 정주영이 낯선 서울에서 미래를 위해 꿈을 키우는 데 아낌없는 도움을 준 사람이다. 이처럼 정주영이 낯선 땅에서 사람들의 마음을 사로잡을 수 있었던 것은 그의 '즐겁게 일하는 모습'

◎ 일에 대한 바람직한 마음의 자세

01. 긍정적이고 능동적인 자세를 갖고 하라. 긍정적이고 능동적으로 하는 일은 싫증이 나지 않아 꾸준히 지속적으로 할 수 있다.

02. 언제나 즐거운 마음으로 하라. 즐거운 마음으로 하는 일은 일단 재미있게 할 수 있다. 재미있는 일은 날밤을 새서라도 한다. 누구나 한번쯤은 날밤을 새며 놀아 본 경험이 있을 것이다. 그만큼 즐겁기 때문이다. 이와 마찬가지로 자신이 하는 일을 즐겁게 하면 좋은 결과를 얻게 될 것이다.

03. 안 되면 다시 하면 된다는 생각으로 하라. 사람이란 언제나 실수도 할 수 있고, 실패도 할 수 있다. 실수나 실패가 없다면 그는 사람이 아니다. 그러므로 자신이 하는 일이 잘 안 됐다고 해서 실망하지 말고 다시 시도하라. 끝까지 다시 시도하는 자가 결국 성공을 하는 법이다.

04. 보물찾기 게임을 하듯 설레는 마음으로 하라. 이 말은 자신의 일에 대해 늘 새로운 자세를 갖고 하라는 말이다. 처음 하는 일이 언제나 새로워 보이는 것은 처음 대하기 때문이다. 그래서 마음을 설레게 하고 기대하게 만드는 것이다. 이런 마음의 자세로 언제나 능동적으로 실천하면 반드시 좋은 결과를 얻게 될 것이다.

이었다. 사람들은 즐거운 마음으로 일을 즐기면서 하는 그에게 믿음을 가졌던 것이다. 이러한 정주영의 생활 자세는 그가 꿈을 실현시키는데 있어 가장 큰 원동력이 되었던 것이다

자신이 하는 일이 즐겁지 않으면 하지마라.

억지로 하는 것은 무슨 일든 일이든 능률적이지 못하다. 그런 일을 한다는 것은 자신도 곤혹스럽다. 곤혹스러운 일은 매우 비능률적이고 비생산적이다. 이런 일을 한다는 것은 시간 낭비일 뿐이다. 시간 낭비인 줄 알면서도 억지로 하는 것처럼 어리석은 짓은 없다.

그런데 우리 사회에는 이처럼 소비적인 일을 하는 사람들이 많다. '남들이 다 하니 어쩔 수 없이 하는 것뿐이다'라는 마음으로 한다는 것은 비효율적이고 힘만 들뿐이다.

그 무엇이든 즐거운 마음으로 해야 행복하고 열정적으로 할 수 있다. 그래야 자신의 인생을 성공적으로 이끌어 낼 수 있는 것이다.

"자신이 하는 일을 즐기지 못하면 좀처럼 성공하기 힘들다."

이는 그 유명한 데일 카네기가 한 말이다. 이 말을 당신의 가슴에 깊이 새겨두어라.

| 마인드 스터디 |

- 무엇을 하던 즐거운 마음으로 하라. 즐거운 마음으로 하면 마음에 부담이 없고, 마치 즐거운 게임을 하는 것처럼 생각된다. 그래서 즐거운 마음으로 하면 예상했던 것보다 훨씬 좋은 결과를 얻을 수 있는 것이다.

- 무엇을 하던 능동적이고 역동적으로 즐겁게 하라. 이러한 생활 자세는 자신의 꿈을 실현시키는데 있어 가장 큰 원동력이 되어 줄 것이다.

- 자신이 하는 일이 즐겁지 않으면 억지로 하지마라. 억지로 하는 것은 무슨 일이든 능률적이지 못하다. 비능률적인 것은 힘만 들고 효과도 별로 좋지 않다. 그런 일을 한다는 것은 자신도 곤혹스럽고 그 일을 시키는 사람이나 보는 사람도 곤혹스럽기는 마찬가지이다. 그 무엇이든 즐거운 마음으로 해야 행복하고 열정적으로 할 수 있다. 그래야 자신의 인생을 성공적으로 이끌어 낼 수 있는 법이니까.

| 배움의 마인드를 위한 긍정의 한줄 |

배움을 멈추지 마라. 날마다 한 가지씩 새로운 것을 배우면 경쟁자의 99%를 극복하게 된다.   조 카를로스

매일 밤 긍정적인 글을 읽고 매일 아침 도움이 되는 말에 귀를 기울여라.   톰 홉킨스

우리 내면의 가장 훌륭한 면모를 지속적으로 훈련시키고 교육하는 삶, 그것이야말로 가장 행복한 삶이다.   윌림 G. 해머튼

우리를 현명하게 만들어주는 두 가지 기본적인 것이 있다. 우리가 읽는 책들과 우리가 만나는 사람들이 바로 그것이다.   찰스 존스

평생 배움에 헌신하라. 당신의 정신과 당신의 마음에 집어넣는 것, 그것이 당신이 가질 수 있는 최상의 자산이다.   브라이언 트레이시

어떤 분야에서든 성공을 위한 최소한의 요구조건이 있다면, 그것은 바로 지속적인 학습이다.   데니스 웨이틀리

청춘은 다시 돌아오지 않고 새벽은 하루에 한 번 뿐이니, 좋은 시절에 부지런히 힘쓸지니 세월은 사람을 기다려주지 않는다.   도연명

사고(思考)는 모든 부와 모든 성공, 모든 물질적인 이익, 모든 위대한 발견 및 발명, 모든 성취의 근원적 원천이다. 클로드 M. 브리스톨

대개 가장 많은 정보를 갖는 사람이 인생에서 가장 크게 성공하는 법이다. 벤저민 디즈레일리

성공하려면 끈질기게 매달린 대상, 당신에게 동기를 부여하고 당신을 자극하는 대상을 찾아야 한다. 토니 도셋

지식보다 더 중요한 것은 상상력이다. 아인슈타인

짧은 인생은 시간의 낭비에 의해 더욱 짧아진다. 사무엘 존슨

그날그날이 당신에게 최후의 날이라고 생각하라. 그렇게 하면 뜻하지 않은 오늘을 얻어 기쁨을 갖게 될 것이다. 호라티우스

자기를 알고자 하거든 남의 일에 대해서 주의해 보라. 반대로 남을 알고자 할 때는 자기 마음을 보라. 쉴러

모르는 것을 묻지 않는 것은 쓸데없는 오만밖에 아무것도 아니다. 탈무드

많은 지식을 가지고 있고 탄력성이 있고 기지가 넘치고 끈기 있는 사람이 성공한다.
― 마빈 토케어

이 지구상에는 아직도 큰 사업을 일으킬 여지가 있다. 나에게는 일하고 공부하는 것이 전부이다. 내가 원하는 것이 스스로의 지배력이지 명예가 아니다.
― 괴테

교육의 목적은 기계를 만드는 것이 아니라 인간을 만드는 데 있다.
― 루소

인간의 정신은 교육과 훈련에 빠르게 반응한다. 그 정신으로 하여금 당신이 원하는 어떤 것이든 당신에게 돌려주도록 만들라.
― 노만 V. 필

Part 03
자신의 잠재력을 극대화 시켜라, 누구에게나 잠재력은 있다

앞으로 20년 후에 당신은
시도했던 일보다는 시도하지 않은 일에
더 실망하게 될 것이다. 그러지 않기 위해선 밧줄을 풀고
안전한 항구를 벗어나 항해를 떠나라.
돛에 무역풍을 가득 담고 탐험하며 꿈꾸며 발견하라.
—마크 트웨인

창조적인 리더십을 길러라, 강력한 리더십은 리더의 절대적 조건이다

리더십을 갖춘 인재가 돼라

리더십의 중요성이 그 어느 때보다도 강조되고 있다. 현대사회는 여럿이 함께 해야 잘 살 수 있는 복잡 다양한 사회구조를 이루고 있다. 이런 사회구조 속에서 여러 사람들을 이끌어 가는 리더가 된다는 것은 자신의 인생을 능동적이고 활력 있게 살아가게 한다. 그리고 자신과 함께 하는 사람들의 리더로서 자아실현의 기쁨도 얻게 되어 인생을 보람 있게 살아갈 수 있다.

현대는 기업이든 관공서든 팀을 이루어 일을 하는데, 그 팀의 리더를 팀장이라고 한다. 작게는 직장의 팀장으로, 크게는 전체의 책임자로서 자신이 살아가길 소망한다면 거기에 맞는 실력을 갖추어야한다. 실력을 갖추지 않는 사람에게 리더가 되는 기회는 결코 오지 않는 법이니까.

리더로서 자신의 능력을 보여주기 위해서는 리더로서의 조건을 갖추어한다. 리더가 갖추어야 할 여러 조건이 있는데, 그 중 리더십을 갖추는 것은 매우 중요하다. 유능한 리더가 되느냐 못 되느냐는 리더십에 달려있다. 아무리 지식이 뛰어나고 여타의 능력이 뛰어나다고 해도 리더십이 부족하면 좋은 리더가 될 수 없다. 능력 있는 리더가 되기 위해서는 반드시 리더십을 길러야한다.

우리나라 역사상 가장 위대한 성군인 세종. 그가 만백성과 신하들에게 성군으로서 존경을 받을 수 있었던 것은 부드럽지만 강력한 리더십 때문이었다. 그는 자신의 권위를 지나치게 내세우지도 않았고, 자신의 생각과 다른 신하들도 인내심을 갖고 끈기 있게 설득함으로써 자신의 생각을 관철시키곤 했다. 절대권자인 왕으로서는 매우 보기 드문 리더십이 아닐 수 없다. 그랬기에 세종은 우리나라 역사상 가장 위대한 왕이 될 수 있었던 것이다.

미국역사상 가장 위대한 대통령 아브라함 링컨. 그 역시 포용력을 두루 갖춘 부드럽지만 강력한 리더십의 대명사이다. 그는 포용력으로 아랫사람들을 이끌었고, 아랫사람들은 그런 링컨에게 존경심을 갖고 충성을 다하였다.

강력한 리더십은 성공을 꿈꾸는 사람이 반드시 갖추어야 할 성공조건이다.

존경받는 리더들의 6가지 조건

첫째. 사람들에게 강한 믿음을 심어 주어야한다. 리더가 강한 믿음을 보여주면 사람들은 그 사람을 신뢰하게 되어 믿고 따르게 된다. 그렇게 될 때 그 어떤 일도 책임감을 갖고 할 수 있어 성공적으로 실행할 수 있게 된다.

둘째. 강한 자신감과 용기를 갖춰야 한다. 리더가 강한 자신감을 갖추고 용기를 갖고 있다면 신뢰하는 마음이 들어 더 잘 따르게 된다.

셋째. 정직한 마음을 갖추어야한다. 리더가 정직하면 리더의 뛰어난 인품을 믿고 따르게 된다. 정직은 사람들 사이에서 가장 중요시되는 덕목 중에서도 으뜸 덕목이다. 리더가 정직하다면 다른 면에서도 매우 신뢰할 수 있다는 것을 뜻하기 때문이다. '정직은 최선의 방책이다'라는 말처럼 정직은 리더가 갖추어야할 최고의 덕목이다.

넷째. 아무도 넘볼 수 없는 실력을 갖추어라. 용장 밑엔 용감한 병사가 있듯 실력을 갖춘 리더에겐 실력 있는 사람들이 모이게 마련이다. 리더가 실력이 있다면 그를 얕잡아보는 사람은 없을 것이다. 진정한 리더가 되고 싶다면 실력을 갖춰라.

다섯째. 포용력을 길러라. 포용력은 리더가 갖추어야 할 필수 덕목이다. 포용력을 갖춘 리더는 부하직원들에게 절대적인 지지를 받게 된다.

여섯째. 자신만의 철학을 가져라. 리더가 되기 위해서는 자신만의 색깔이 있어야 한다. 철학이 있는 리더는 흔들림이 없는 거목과 같다.

카리스마 넘치는 탁월한 리더십의 귀재 정주영

정주영은 그 누구도 범접하지 못할 카리스마를 지닌 기업인이었다. 그의 카리스마 앞에서는 어느 누구도 대응하지 못했다. 그만큼 그의 카리스마는 절대적이었다. 그러한 정주영의 카리스마는 그냥 길러진 것이 아니다. 그의 탁월한 리더십에서 길러진 것이다. 그는 한번 믿은 사람은 끝까지 믿었다. 그 사람이 반기를 들거나 회사의 이미지를 실추시키거나 막대한 피해를 주지 않는 한 자신의 사람으로 곁에 두었다. 이러한 그의 사람관리법은 사람들이 그에게 절대적인 지지를 보내게 했다. 당연히 그럴 것이다. 자신에게 절대적인 믿음을 주는 사람을 싫어할 까닭이 없지 않은가?

품격에 따른 리더의 유형

리더에는 덕장 형, 용장 형, 지장 형 리더가 있다. 덕장 형 리더는 덕으로 사람들을 이끄는 리더를 말하고, 용장 형 리더는 용기와 투지로 사람들을 이끄는 리더이고, 지장 형 리더는 지식과 지혜로 사람들을 이끄는 리더이다. 예를 들면 대표적인 덕장 형 리더로는 황희 정승을 들 수 있고, 용장 형 리더는 장비를 들 수 있고, 지장 형 리더는 제갈공명을 들 수 있다. 그리고 덕장과 지장 형을 겸비한 리더로는 세종대왕을, 덕장·용장·지장 세 가지를 모두 갖춘 리더로는 이순신 장군을 꼽을 수 있다.

정주영은 이 가운데 용장형 리더로서의 특징을 강하게 보이지만, 사실은 지를 겸비한 탁월한 리더였다. 이렇게 말하면 초등학교만 나온 그가 무슨 지장형 품격을 갖추었냐고 반문 할 것이다. 당연한 반문일 수도 있지만, 지식과 지혜는 학교에서만 길러지는 것이 아니다. 진짜 공부는 현장에서 길러지는 것이다. 풍부한 독서와 경험에서 얻어지는 지식과 지혜는 책상머리에서 길러지는 지식보다

> ● **정주영의 리더십의 특징**

01. 사람을 사로잡는 타고난 카리스마를 천성적으로 갖추었다. 정주영의 최대 강점은 바로 강력한 카리스마에 있다.
02. 자신이 솔선수범함으로써 상대방이 따라오게 했다. 그는 가만히 앉아 있는 법이 없었다. 끊임없이 움직였고 늘 현장을 찾아다녔다.
03. 신의와 정직함을 갖추었다. 그는 모든 일에 신의를 갖고 했으며, 정직함을 자신의 모토로 삼았다.
04. 미래를 예측하는 능력이 탁월해 사람들에게 강한 믿음을 심어주었다. 그가 하는 말은 모두에게 확신을 갖게 했고, 그가 시도했던 일은 거의가 성공적으로 이끌어냈다.
05. 누구에게든지 무엇이든지 배우는 자세를 갖춰 사람들을 감화시켰다. 대개 윗자리에 있는 사람들은 자신의 부족함을 감추려고 한다. 자신의 부족함을 드러낸다는 것은 자신의 리더십에 치명적인 흠이 될 수 있기 때문이다. 그런데도 정주영은 자신의 부족함을 감추지 않았다. 그는 자신의 부하직원이든 누구든 간에 배우기를 주저하지 않았다.
06. 한번 시작한 일은 성공할 수 있을 때까지 노력을 멈추지 않았다. 그의 끈질긴 승부근성은 언제나 그에게 성공이라는 값진 선물을 안겨주었다.

그 깊이가 월등하다. 학교에서 배운 지식은 이론적인 것이지만, 경험에서 익힌 지식과 지혜는 실제적이어서 곧바로 현장에서 활용할 수 있기 때문이다. 정주영의 풍부한 지식과 지혜는 경험에서 길러진 것이어서 대학을 나온 직원들이나 석·박사학위 소유자인 임직원들보다도 몇 배나 더 뛰어났던 것이다. 그래서 그는 용장과 지장형 리더였던 것이다.

정주영은 자신의 부족한 것을 스스로 익히고 배움으로써 탄탄한 실력을 갖추었고, 거기다 근성 있고 진취적인 리더십을 갖추었기에 탁월한 기업인으로 크게 성공할 수 있었던 것이다.

| 마인드 스터디 |

- 성공적인 인생이 되려면 리더십을 길러야한다. 훌륭한 리더십을 기르기 위해서는 첫째, 사람들에게 강한 믿음을 심어주어라. 둘째, 강한 자신감과 용기를 갖춰야한다. 셋째, 정직한 마음을 갖추어라. 넷째, 아무도 넘볼 수 없는 실력을 갖추어라. 다섯째, 넓은 포용력을 갖춰야 한다. 여섯째, 자신만의 철학을 가져라.

- 카리스마 넘치는 탁월한 리더십은 철저한 자기관리와 솔선수범하는 실천 형 리더십이다. 이런 강한 리더십을 보여줌으로써 사람들이 자기에게 주어진 일을 스스로 하게 하는 것이 리더십의 본질이다.

- 저돌적인 근성을 길러라. 무슨 일을 하던 근성이 있어야 한다. 근성은 반드시 목표를 이루겠다는 강한 신념에서 나온다. 자신의 부족한 것을 스스로 익히고 배움으로써 탄탄한 실력을 갖춰라. 거기다 근성 있고 진취적인 리더십을 갖춘다면 어느 분야에서든 크게 성공할 수 있을 것이다.

16 success mind
성공의 연금술

개척자 정신은 성공의 필수요소이다,
삶은 열정적인 인생을 원한다

개척자 정신을 길러라

세계 최고의 초강대국인 미국! 미국은 정치, 경제, 군사, 과학, 의학, 문화 등 모든 분야에서 전 세계의 일등 국가를 자처함은 물론 전 세계가 인정하는 나라이다. 이러한 미국은 수천 년의 역사를 가진 나라가 아니고, 불과 몇 백 년도 안 되는 짧은 역사를 가진 나라이다. 그런데 어떻게 해서 수천 년의 역사를 가진 우리나라나 인도, 이집트, 중국 같은 나라를 뛰어넘어 초강대국이 될 수 있었을까?

그것은 미국을 세운 사람들이 개척자 정신이 뛰어난 앵글로 섹슨 족인 청교도들이기 때문이다. 그들은 모험심과 탐구심이 강하고 신앙적인 믿음이 두터워 두려움을 몰랐다. 그들은 아메리카인디언들을 몰아내고 교회를 세우고 학교를 세웠다. 그들은 엄숙하고 절제 있는 믿음생활을 통해 경건한 삶을 지향했고, 사람은 배워야 한다는 교육이념이 투철했다. 그들이 지닌 강한 개척자 정신은 바로 교회와 학교에 있었다. 그들의 그러한 정신은 짧은 기간 내에 미국을 전 세계에서 가장 부유하고 가장 강한 초일류국가가 되게 했던 것이다.

정주영 역시 불굴의 개척자 정신을 유난히 강조했고, 그것을 신념으로 여겼다. 그는 개척자 정신의 신봉자처럼 개척자 정신을 역설하였다.

"우리는 미국인들이 서부를 개척한 것처럼 우리 힘만으로 하나하나를 개척해 왔고, 시장 확대 역시 치열한 경쟁을 통해서 정정당당하게 해 왔습니다. 따라서 여러분들은 너나할 것 없이 투철한 개척자 정신을 잃어서는 안 됩니다. 그것이 우리 현대가 사는 길이고 여러분들이 사는 길입니다."

정주영의 이 말에서 보듯 그는 한마디로 불굴의 개척자였다. 그는 자신의 말처럼 개척자 정신을 근본으로 하여 현대를 탄생시켰고, 반반세기 만에 초일류 기업으로 키워내는 탁월한 창조적 리더십을 발휘하였다. 그는 열사의 땅 아프리카에서도 겨울코트를 팔고 구두를 팔고 털모자를 팔고, 알래스카에 냉장고를 팔고 에어컨을 팔 수 있는 능력을 갖춘 사람이었다.

그는 현대에 근무하는 직원이라면 그 어떤 상황에서도 자신의 책임을 다하는 강한 신념의 소유자가 되길 원했다. 말하자면 현장 멀

티 플레이어, 슈퍼세일즈맨이 되라는 말이다. 한 번 진지하게 생각해보라. 당신에게 아프리카에서 털 코트를 팔고, 알레스카에서 에어컨을 팔라는 임무가 주어졌을 때 어떻게 할 것 인가를… 그에 대한 결론은 두 가지 일 것이다. '임무를 수행하느냐, 아니면 옷을 벗느냐.' 이에 대한 답변은 당신의 몫으로 남겨두자. 개척자 정신은 창조적 에너지의 원천이며, 불굴의 신념의 소산임을 절대 잊지 마라. 개척자 정신을 길러라. 개척자 정신이 있는 한 당신은 어떤 상황에 놓이게 되더라도 절대로 쓰러지는 법은 없을 것이다.

시도하라, 그리고 반드시 뜻을 이루어라

자신의 인생을 승리로 이끌고 싶다면 자신이 하는 일에 두려워하지 말고 시도하라. 시도 하지 않으면 손톱만한 것도 결코 이룰 수 없다. 가만히 있는데 저절로 되는 것은 없다. 시도한다는 것은 무엇인가? 그것은 새로움의 길로 나아간다는 것이다. 지금보다 더 새롭게, 지금 보다 더 넓고 더 높게 도약한다는 것을 의미한다. 늘 그 자리에서 뒷짐만 지고 있다면 그 어떤 일도 일어나지 않을 것이다.

자신의 인생을 성공이란 금자탑으로 쌓아올린 사람들은 언제나 시도하는 것을 게임처럼 즐겼다. 게임이란 누가 시켜서 하는 것이 아니다. 자기가 즐기기 위해서 하는 놀이가 아닌가.

가난한 집안의 장남으로 태어나 어린 시절부터 아버지를 도와 농사일을 해야만 했던 정주영은 독립심이 강했다. 그는 세상에서 믿을 수 있는 것은 오직 자신뿐이라고 생각했다. 그는 자신의 뜻을 이루기 위해 네 번째 가출을 한 끝에서야 비로소 아버지의 허락을 받아낼 수 있었다. 이것이 그가 성공을 위해 감행한 첫 번째 시도이다.

집을 떠나온 정주영은 자신의 의지대로 세상과 맞장을 떴다. 세상이 아무리 핍박을 해도 절대로 물러서지 않겠다고 이를 물고 다짐했다. 그러자 두려움이 사라지고 무엇이든 잘 할 수 있다는 두둑한 배짱이 생겼다. 그는 바닷가 부두 노동일을 시작하였다. 농사 일로 다져진 몸이라 힘든 일도 거뜬히 해 낼 수 있었다. 그러나 그는 막노동으로만 시간을 보낼 수 없었다. 그는 부두 노동일을 그만두고 쌀가게 배달꾼이 되었다. 한 번도 타보지 못한 자전거를 타고 쌀 배달을 하기 위해 넘어지기를 수도 없이 한 끝에 자전거를 배웠다. 정주영은 쌀 배달을 하면서 주인에게도 손님들에게도 최선을 다했다.

그에겐 거대한 꿈이 있었다. 그 꿈을 이루기 위해서는 자신에게 주어진 일은 반드시 시도해서 성공으로 이끌어내야 한다는 것을 잘 알고 있었다. 정주영은 신의와 정직함, 근면함과 성실함을 바탕으로 열심히 일한 끝에 쌀가게 주인에게 신임을 얻고 쌀가게(경일상회)를 운영하게 되었다. 이것이 그가 행한 두 번째 시도이다. 그러나 불행하게도 일본과 중국의 전쟁으로 인해 일본은 정미소와 쌀가게에 대해 영업금지령을 내렸다. 그는 어쩔 수 없이 쌀가게 문을 닫고 전혀 경험이 없는 자동차 수리공장(아도서비스)을 인수하였다. 이것이 그가 행한 세 번째 시도이다.

그런데 어이없게도 종업원의 실수로 공장에 불이 나고 말았다. 그러나 그는 좌절하지 않았다. 아니 좌절 할 수가 없었다. 그의 가슴엔 언제나 소중한 꿈이 불타고 있었기 때문이다. 그는 빈주먹이었지만 평소에 쌓아놓은 신용을 바탕으로 해서 돈을 빌렸다. 그는 또다시 자동차수리공장(일진공작소)을 차렸다. 그의 열정적인 노력으로 자동차수리공장은 번창하였다. 그는 빌린 돈을 다 갚고 차곡차곡 돈을 모았다. 이것이 그가 행한 네 번째 시도다.

하지만 이번에도 일본의 전쟁으로 자동차수리공장은 문을 닫게 되었다. 그래도 그는 좌절하지 않았다. 그에게 있어 웬만한 시련은 아무것도 아니었다. 그만큼 그는 어려움에 대처하는 능력이 뛰어났

◉ 정주영의 성공을 위한 도전 역정

01. 자신의 뜻을 위해 네 번째 가출을 시도한 끝에서야 비로소 아버지의 허락을 받아낼 수 있었다. 이것이 그가 성공을 위해 감행한 첫 번째 도전이다.

02. 쌀가게(경일상회)를 운영하였다. 이것이 그가 행한 두 번째 도전이다.

03. 자동차 수리공장(아도서비스)을 인수하였다. 이것이 그가 행한 세 번째 도전이다.

04. 자동차수리공장(일진공작소)을 세웠다. 이것이 그가 행한 네 번째 도전이다.

05. 현대자동차공업사를 차렸다. 이것이 그가 행한 다섯 번째 도전이다.

06. 건설업에 관심을 갖고 현대토건사를 차렸다. 이것이 그가 행한 여섯 번째 도전이다.

07. 현대자동차와 현대토건사를 합병하여 현대건설주식회사를 창립하였다. 이것이 그가 행한 일곱 번째 도전이다.

다. 정주영은 어려운 상황에서도 미래에 대한 희망을 잃지 않았다. 언제나 그의 머리 속은 창의력으로 번뜩였고, 새로운 사업에 대한 구상으로 쉼 없이 돌아갔다. 그는 열정적 에너지로 똘똘 뭉쳐진 사람이었다. 광복이 되자 정주영은 '현대자동차공업사'를 차렸다. 이것이 그가 행한 다섯 번째 시도이다.

여기에 만족할 수 없었던 정주영은 건설업에 관심을 갖고 '현대토건사'를 차렸다. 이것이 그가 행한 여섯 번째 시도이다.

그 후 현대자동차공업사와 현대토건사를 합병하여 '현대건설주식회사'를 창립하였다. 이는 훗날 대한민국 최대의 기업인 현대그룹의 모체가 되었다. 이것이 그가 행한 일곱 번째 시도이다.

이후 정주영은 창조적 도전정신으로 승승장구 하며 자신의 능력을 맘껏 발휘하였다. 그 결과 그는 대한민국 건국 이래 가장 탁월하고 가장 독보적인 기업인으로 우뚝 섰다. 정주영이 지나온 지난날은 새로움에 대한 도전과 모험을 끝없이 시도한 창조적 도전의 시대였다. 그랬었기에 그는 무에서 유를 창출했고, 그 누구라도 부러워하고 닮기를 갈망하는 인생의 승리자가 되었던 것이다.

삶은 열정적인 인생을 원한다

열정이란 무엇인가? 열정이란 자신이 가진 능력을 모두 쏟아 부을 수 있는 정열과 의지를 말한다. 그래서 열정적인 사람은 새로운 모험과 도전을 두려워하지 않는다. 모험과 도전은 열정만 있으면 얼마든지 시도할 수 있는 것이라고 믿기 때문이다.

"모든 일의 성패는 그 일을 하는 사람의 사고방식과 자세에 달려

있습니다. 우리가 시도하는 것이 대단한 모험인 것은 사실이지만, 모험이 없으면 제자리걸음을 하고 다음엔 뒤떨어지고, 또 그 다음은 주저앉습니다."

정주영의 이 말에서 보듯 그는 삶에 대한 사고방식과 자세에 대해 매우 중요하게 생각했다는 것을 알 수 있다. 사고방식과 자세가 강건하고 반듯해야 모험을 두려워하지 않는다는 것을…

모험은 열정적 의지가 강한 사람에겐 한없이 약하지만, 열정적 의지가 약하거나 없는 사람은 아주 우습게 여기며 깔본다. 그렇다면 어떻게 해야 할 것인지는 너무도 확실하다. 지구를 들어 올릴 수 있을 것 같은 강력한 열정을 갖고 두려움 없이 모험을 즐겨라. 삶은 열정적인 사람을 좋아한다. 삶은 열정적으로 살아가는 인생에게 성공이란 선물을 안겨준다는 사실을 기억하라.

| 마인드 스터디 |

- 개척자 정신을 길러라. 개척자 정신은 창조적 에너지의 원천이며 불굴의 신념의 근원이다. 개척자 정신을 마음에 품고 무장하라.

- 도전하라, 도전하여 반드시 자신의 뜻을 이루어라. 자신의 인생에 있어 승리의 주역이 되고 싶다면 자신이 하고자 하는 일에 두려워하지 말고, 망설이지도 말고 시도하라. 시도 하지 않으면 손톱만한 것도 결코 이룰 수 없다.

- 열정적인 사고방식은 삶을 열정적으로 살아가게 한다. 그래서 삶은 열정적인 인생을 좋아한다. 그리고 그에게 성공이란 선물을 안겨준다.

17 success mind
성공의 연금술

두둑한 배짱과 지혜를 길러라,
그리고 담대히 행하라

담대한 마음을 길러라

사람은 무슨 일을 하든 담대해야 한다. 담대한 마음을 갖는 것과 그렇지 않은 것은 현격한 차이가 난다. 예를 들어 태권도 선수가 시합을 하기도 전에 '상대 선수가 나보다 세면 어떡하지?'하고 생각하며 두려움에 빠진다면 그 시합은 해보나 마나다. 이미 마음에서 졌기 때문이다. 그러나 '어느 선수라도 좋다, 내가 다 상대해 주마' 라는 마음을 갖고 시합에 임하면 승리할 확률이 훨씬 높다. 강한 자신감이 상대방을 압도해 자신의 능력을 최대한 발휘하게 되기 때문이다.

'어떤 일을 하던 마음먹기에 달렸다'는 말이 있다. 이는 마음의 자세를 어떻게 갖느냐가 자신이 하는 일의 성패를 좌우한다는 말이다. 그렇다면 이야기는 간단하다. 내가 꼭 해야 할 일이라면 마음을 담대히 하고 실행하라. 설령 그 일이 어려운 일이라 해도 담대하게 하라. 무슨 일이든지 마음에서 지면 충분히 할 수 있는 일도 못하게 된다.

이스라엘이 수십 배가 넘는 아랍연합군과의 전쟁에서 6일 만에 승리한 것은 너무도 유명한 얘기다. 인간의 상식으로 볼 때 이는 도무지 이해가 되지 않는다. 생각해보라. 어떻게 수십 배가 넘는 적을 그것도 6일 만에 승리로 이끌 수 있는가? 이스라엘군이 아랍연합군을 이길 수 있었던 것은 최첨단 무기도 아니고 핵무기도 아니다. 그것은 바로 이길 수 있다는 담대한 믿음의 무기였다. 그렇다. 이스라엘은 신념의 민족인 유태인들이다. 그들의 마음속엔 그들이 믿는 하나님이 있었다. 이스라엘이 승리할 수 있었던 담대한 마음의 원천은 바로 하나님이었다.

성공적인 인물들 역시 그들 마음속엔 그들이 담대한 마음의 원천으로 삼는 그 무엇이 있었다. 그것이 종교든 금언이든 좌우명이든… 그들은 담대한 마음을 갖고 최선을 다한 끝에 자신이 목표하는 것을 성공적으로 이뤄낼 수 있었던 것이다.

당신도 성공적인 인생이 되고 싶을 것이다. 그렇다면 담대한 마음을 길러라. 담대한 마음은 당신을 새롭게 변화시킬 것이다.

지혜를 길러라, 지혜는 마음의 보석이다

'한 사람의 놀라운 지혜는 수백만 명을 살리기도 하고 죽이기도

한다.' 이 말은 지혜의 힘을 함축적으로 표현한 말이다. 전장에서도 용장보다는 지장이 승리할 확률이 더 높다. 용장은 날렵하고 용기 백배하나 아무리 용장이라고 해도 혼자서 수천, 수만을 상대할 수는 없다. 그러나 지장은 수십만, 수백만을 단 한 번에 물리칠 수 있다. 역사적으로 그것을 잘 증명해주는 예가 고구려 을지문덕 장군의 살수대첩이다. 어디 그 뿐인가. 이순신 장군의 노량해전을 비롯해 수많은 승리는 지혜로 이끌어 낸 결과이다. 이 같은 예를 보더라도 지혜가 지닌 힘이 얼마나 강한지를 잘 알 수 있다. 그리고 세계 제일의 부자인 빌게이츠는 지혜 하나로 수백, 수천만을 먹여 살리고 있지 않은가?

정주영은 투박한 시골아저씨 같은 외모와는 달리 지혜가 제갈공명을 뛰어넘는 기업의 지략가였다. 그는 어느 누구와의 경쟁에서도 절대 밀리는 법이 없었다. 그의 지혜는 경험에서 우러나는 것도 많았지만, 순간순간 번뜩이는 창의적인 지혜가 월등히 많았다. 이는 두뇌가 좋아 두뇌 플레이에 능했다는 것을 의미한다. 이에 대한 한 가지 일화가 있다.

정주영은 서울올림픽 유치위원장이 되어 스위스 바덴바덴으로 갔다. 정주영이 대한민국 IOC위원이나 대한체육회장도 아니면서 서울올림픽 유치위원장이 된 것은 누구보다도 그의 탁월한 지략을 잘 알고 있는 정부에 의해서였다. 정주영은 자기가 평생 해온 분야와는 전혀 다른 분야였지만, 최선을 다해 반드시 올림픽을 유치해야겠다는 굳은 의지를 마음에 새겼다.

그 당시 우리의 경쟁상대는 경제대국 일본이었다. 많은 사람들은 월등한 표차로 일본 나고야가 서울을 제치고 올림픽을 유치할 것이라고 예상했다. 그런데 이런 예상은 우리나라 IOC위원을 비롯한 몇몇 정계인사에게서 더욱 뚜렷하게 나타났다. 그러나 정주영의 생각은 달랐다. 달걀로 바위를 치는 격이었지만, 서울올림픽 유치위원장을 맡은 이상 이곳저곳 손닿는 사람들에게 협조를 당부하며 바쁘게 움직였다. 일본 나고야 유치단들의 활약은 참으로 대단했다. 그들은 부자나라답게 각 나라 IOC 위원 부부들에게 일제 최고급 시계를 선물하며 환심을 얻어내고자 했다. 말하자면 물질로 마음을 사려고 했던 것이다. 이에 정주영은 꽃바구니를 각 나라 IOC 위원들에게 보냈다. 돈으로 따지면 보잘 것 없는 선물이었다.

그러나 놀라운 반응이 나타났다. 일제 최고급 시계를 받고도 별 반응을 보이지 않던 그들이 꽃바구니 선물에 대해서는 매우 즐거운 마음으로 감사를 표했던 것이다. 여기엔 정주영의 창의력 넘치는 지혜가 숨어있었다. 물질보다도 사람들의 마음에 진정성 있는 자세를 보여주었던 것이다.

○ 정주영이 서울 올림픽 유치를 성공한 비결

01. IOC위원들의 마음을 읽는 지혜를 발휘했다.
02. 개인별 성향까지 읽어내는 센스를 보였다.
03. 국민들에게 새로운 꿈을 심어주기로 결심했다.
04. 생동감 넘치는 아이디어로 전략을 극대화 했다.

IOC 위원들은 대개가 자기나라에서는 내로라하는 부자이며 권력층들이다. 그런 그들이 명품시계 따위에 자신들의 마음을 쉽게 노출시킬 리가 없었다. 그러나 꽃바구니는 달랐다. 값도 저렴해서 받아봐야 문제가 되는 것도 아니고 해서 그들은 즐겁게 받았던 것이다. 정주영은 그들의 마음을 읽었던 것이다.

정주영은 꽃바구니선물로 각국의 IOC 위원들에게 가까이 다가갈 수 있었고, 그들의 개인별 성향까지 읽어내는 지혜로 서울올림픽을 성공적으로 유치할 수 있었다. 그의 아이디어는 언제나 생동감이 넘쳤다. 그랬기 때문에 IOC위원들의 마음을 움직일 수 있었던 것이다.

자신이 할 수 있다고 믿는 일은 절대로 물러서지 마라

자신이 할 수 있다고 믿는 일은 충분히 해 낼 수 있는 확률이 그만큼 높다. 그런데 많은 사람들은 힘에 겹다는 이유로 이를 극복하지 못하고 중도에서 포기하고 만다. 여기서 한 가지 분명히 해두고 싶은 말은 '이 세상에 쉬운 일이란 없다'는 것이다. 그 어떤 일일지라도 그 나름대로는 어려움이 있고, 말 할 수 없을 만큼 힘든 경우도 많다.

삶의 이치가 이런데도 조금만 힘들면 쉽게 포기하고 쉬운 일만 하려고 한다면 이 사회는 오래지 않아 불균형적인 사회가 될 것이다. 그리고 자신이 갖고 있는 좋은 능력이 소멸되어 더 나은 인생을 살 수 없게 되고 말 것이다. 그런 인생이 되지 않으려면 자신이 할 수 있는 일엔 끝까지 도전하라. 만일 도전을 포기한다면 그것은 자신에게 주어진 인생의 값진 선물을 스스로 포기하는 것과 같다.

정주영은 자신이 할 수 있는 일은 그 어떤 일도 포기한 적이 없다. 그는 모두가 할 수 없다고 단언하는 일에도 기꺼이 도전하여 수많은 성공을 이뤄냈다. 그의 이런 강한 자신감은 자신의 경험에서 우러나온 지혜에 의한 것이다. 그러기에 그의 말은 그 어느 책보다도, 그 어느 사람보다도 믿음이 넘친다.

당신은 어떤 스타일인가? 조금만 힘들면 쉽게 포기하고 쉬운 일만 하는 쪽인가, 아니면 죽을 때 죽더라도 끝까지 밀고나가는 쪽인가? 만일 쉽게 포기하는 쪽이라면 성공을 꿈꾸지 마라. 그런 당신을 좋다고 찾아가는 성공은 없을 테니까.

| 마인드 스터디 |

- 사람은 무슨 일을 하던 대범하고 담대해야 한다. 담대한 마음을 기르기 위해서는 첫째, 마음으로부터 두려움을 없애라. 둘째, '남들도 하는데 내가 왜 못해!'라는 강한 긍지를 가져야한다. 셋째, '나는 할 수 있어.'라고 강하게 자신에게 주문을 걸어라. 넷째, 두둑한 배짱을 길러라. 배짱은 강한 마음의 표현이다.

- 지혜는 마음의 보석이다. 한 사람의 놀라운 지혜는 수백만 명을 살리기도 하고 죽이기도 한다. 성공의 길로 가고 싶다면 지혜를 길러라.

- 자신이 할 수 있다고 믿는 일엔 물러서지 마라. 자신이 할 수 있다고 믿는 일은 충분히 해 낼 수 있는 확률이 그만큼 높다. 그런데 많은 사람들은 힘에 겹다는 이유로 이를 극복하지 못하고 중도에서 포기하고 만다. 여기서 한 가지 분명히 해두고 싶은 말은 이 세상에 쉬운 일이란 없다는 것이다. 강한 의지로 자신의 목표에 도전하라.

18 success mind
성공의 연금술

자신의 잠재력을 극대화 시켜라,
자신의 인생에 승리자가 돼라

누구에게나 잠재력은 있다

사람은 누구나 그 사람만의 가능성과 발전 잠재력을 가지고 있다. 그런데 대부분의 사람들은 이런 평범한 이치를 너무 쉽게 잊고 살아가는 것 같다. 그리고는 잘 된 사람들을 보고 그는 아주 특별한 사람이라고 말한다.

그러나 이는 아주 잘못된 생각이다. 이 세상엔 누구나 특별하지 않은 사람은 없다. 자신을 성공적으로 이끌어 냈거나 이끌고 가는 사람은 다만 자신에게 주어진 잠재력을 최대한 극대화시켰던 것일 뿐이다. 이런 평범한 이치는 생각하지 않고, 그 사람은 자신과는 매우 다른 특별한 능력을 가진 사람으로 치부한다면 자신에게 숨겨진 잠재력을 발견하기 어렵다.

지금 이 순간 자신에게 숨겨진 발전 잠재력이 있는지를 확인해 보라. 내가 무엇에 관심이 많고, 무엇을 특별히 잘하는지를… 그리고 어떤 일을 할 때 가장 재미있고 신나고 오래 몰입할 수 있는 지를… 이런 과정을 통해서 자신을 테스트 해보고, 자신이 잘 하는 것에 관해 전문가에게 조언을 구해보라. 그런데 한 가지 마음에 깊이 새길 것은 기분에 따라 자신의 마음이 휘둘리면 안 된다는 것이다. 아주 냉정히 그리고 침착하게 자신을 점검해야한다. 가령 노래를 잘 하는 사람은 노래를 해야 발전 가능성이 크고, 글쓰기를 좋아하는 사람은 글쓰기를 통해 자신의 자아를 실현할 가능성이 크다. 그런데 노래를 잘하는 사람보고 달리기를 하라고 하면 그것은 생각 자체만으로도 어이없는 일이다. 만약에 컴퓨터에 뜻이 있는 당신에게 작가가 되라고 한다면 얼마나 황당한 일이겠는가?

사람은 누구나 자신의 몸에 맞는 옷을 입어야 하듯 자신의 잠재력을 극대화 시킬 수 있는 일을 해야 한다. 자신의 인생은 자신의 것이다. 자신이 행복해야 자신의 가정도 행복하다. 하지만 자신이 행복하지 않다고 여기면 그 어느 것도 행복하지 않다. 자신의 숨은 잠재력은 자신의 발전을 보장한다. 자신의 발전을 보장받는 사람이 되기 위해서는 숨은 잠재력을 찾아내어 최선을 다할 때만이 가능하다.

잠재력 계발에 전력투구하라

자신이 잘 할 수 있는 것을 발견해 계발하는 것이야 말로 자신의 인생을 아름답게 가꾸는 최선의 방책이다. 숨은 잠재력을 계발하기 위해서는 전력투구해야한다. 대충하거나 하는 척 해서는 안 된다. 당차게 마음먹고 독하게 밀어붙여야 한다.

　사람은 무한한 가능성을 지닌 존재이다. 인간의 그 무한한 가능성은 많은 사람들에 의해 확인 되고 있다. 불가능하다고 믿었던 우주여행 시대도 머지않아 활짝 열릴 것이다. 꿈같은 일들이 인간에 의해 새롭게 성취되고 있다.

◎ 잠재력을 계발하기 위한 마음자세

01. 아무리 힘들고 어렵더라도 절대로 포기하지 마라. 쉽게 포기하는 마음으로는 그 어느 것도 할 수 없다.
02. 이왕이면 즐거운 마음으로 하라. 즐기는 마음으로 하다보면 재미를 느끼게 되고. 재미를 느끼면 보다 수월하게 해 낼 수 있다.
03. 자신과 같은 잠재력으로 성공한 사람을 모델로 삼아라. 그리고 그가 어떻게 했는지 자신도 그대로 따라서 해보라. 그러면 자신에게 잘 맞는 방법에 대해 발견하게 될 것이다.
04. 부정적인 생각은 절대 금물이다. 부정적인 생각은 충분히 해 낼 수 있는 발전 가능성을 좀먹는 나쁜 생각이다. 늘 능동적이고 긍정적으로 생각하고 행동하라.
05. 자기 주관을 분명히 하라. 주관이 뚜렷한 사람은 주체성이 강해 이루고 싶은 목표에 대한 투철한 사명감으로 성공할 확률이 높다.

자신의 인생에 승리자가 돼라

헝가리 출신 미국의 언론인이자 발행인인 조셉 퓰리처! 그는 유복한 가정에서 태어났지만 갑작스럽게 아버지가 죽고 말았다. 그러자 그의 어머니는 새아버지를 맞아들였다. 그러나 퓰리처는 새아버지와 적응하지 못하고 17살 때 무작정 미국으로 건너갔다.

당시는 남북전쟁이 한창이던 혼란한 시절이었다. 아무것도 가진 게 없는 그는 먹고살기 위해 짐꾼, 웨이터, 당나귀몰이꾼 등 닥치는 대로 일을 했다. 하지만 노숙자 신세를 면하기가 어려웠다. 게다가 그는 사탕수수 농장에 취직시켜주겠다는 사람에게 사기를 당해 그나마 가지고 있던 돈을 모두 잃고 말았다. 그야말로 설상가상이었다. 그래서 그는 자신의 억울함을 알리기 위해 글로 써서 신문지에 투고를 했다.

그런데 이 일은 그의 인생에 새로운 기회가 되었다. 그의 글을 보고 편집장이 그에 대해 호감을 가졌고, 급기야는 그를 기자로 뽑아주었던 것이다. 그 후 그는 연일 특종을 터트리며 순식간에 편집장이 되었다. 그리고 마침내 〈세인트루이스 포스트 디스패치St. Lousi Post Dispatch〉를 인수하여 신문발행인이 되었다.

그의 식탁은 늘 검소했고, 신문 특성상 새벽 4~5시가 되어서야 잠자리에 드는 생활을 하며 자신의 미래를 향해 나아갔다. 이런 노력에 의해 그의 신문사 판매부수는 날로 증가 하였다. 승승장구하게 된 그는 급기야 뉴욕으로 진출하였다.

그는 〈뉴욕월드New York World〉를 인수해 〈월드World〉로 이름을 바꾸고, 1만부였던 판매부수를 1백만 부로 끌어올리며 성공신화를 쓰기 시작했다. 정확하고 신속한 보도로 그의 신문사는 독자들에게 깊은 신뢰를 주었고, 독자들은 그가 만든 신문에 열광하였다.

온갖 고생을 딛고 자신의 숨은 잠재력을 극대화시켜 성공신화를 쓴 퓰리처는 은퇴 후 재산을 컬럼비아 대학에 기부하여 언론대학을 설립하였다. 그리고 '퓰리처 상'을 제정하여 매년 언론 발전을 위해 공헌한 사람들에게 상을 수여하게 했다. 그는 맨 주먹으로 조국 헝가리를 떠나 이국 땅 미국에서 찬란하게 성공신화를 쓴 불세출의 언론인으로 기록되었다.

퓰리처가 노숙자생활을 벗어나 언론인으로 성공한 것은 그의 숨은 잠재력을 계발하여 극대화 시킨 것처럼, 정주영 또한 자신의 잠재력을 최대한 끌어 올린 사람이다. 그가 이뤄 놓은 성과들은 모두가 그의 뛰어난 잠재력을 계발시켰기에 가능했던 것이다. 정주영이 이뤄 놓은 경제적 성과는 실로 놀랍고 경이로운 것이다. 자원도 없고 자본도 없고 기술력도 없던 시절, 그는 최악의 조건에서도 포기하지 않고 불굴의 도전정신으로 자신의 잠재력을 계발하여 하나씩 하나씩 실행해 옮겨나갔던 것이다. 그렇게 해서 그는 자신이 원하는 것을 모두 손에 넣을 수 있었다.

정주영의 강한 욕망은 숨은 잠재력을 극대화시켜 불가능의 산을 넘고 바다를 건너 성공이란 대륙에 이르게 했던 것이다. 그는 이에 대해 분명한 목소리로 이렇게 말한다.

"실패를 두려워하지 말고 성공을 꿈꾸기 바랍니다. 성공은 꿈꾸고 실천하는 자에게 찾아오는 반가운 인생의 선물입니다. 가만히 앉아서 성공이 찾아오길 기다리는 바보가 되지 마세요. 가만히 앉아서 기다리는 사람이 좋다고 찾아오는 눈먼 성공은 어디에도 없습니다."

이와 같이 성공하기 위해서는 당신의 잠재력을 최대한 극대화시켜라.

| 마인드 스터디 |

- 누구에게나 발전 잠재력은 있다. 자신에게 숨겨진 발전 잠재력이 있는지를 확인해 보라. 내가 무엇에 관심이 많고, 무엇을 특별히 잘하는 지를… 그리고 어떤 일을 할 때 가장 재밌고 신나고 오래 몰입할 수 있는 지를… 이런 과정을 통해 자신을 테스트 해보고, 자신이 잘 하는 것에 관해 전문가에게 조언을 구하라. 그런데 한 가지 마음에 깊이 새길 것은 기분에 따라 자신의 마음이 휘둘리면 안 된다는 것이다. 아주 냉정히 그리고 침착하게 자신을 점검해 보라.

- 잠재력 계발에 전력투구하라. 자신이 잘 할 수 있는 것을 발견해 계발하는 것이야 말로 자신의 인생을 풍요롭게 가꾸는 최선의 방책이다. 당차게 마음먹고 독하게 밀어붙여 반드시 성공하라.

- 자신의 인생에서 승리자가 되어라. 성공은 꿈꾸고 실천하는 자에게 찾아오는 반가운 인생의 선물이다. 가만히 앉아서 성공이 찾아오길 기다리는 바보가 되지 마라. 가만히 앉아서 기다리는 사람이 좋다고 찾아오는 눈먼 성공은 어디에도 없다.

19 success mind
성공의 연금술

내 인생에 적당히는 없다고 생각하고, 적당이란 말에 미혹당하지 마라

적당주의를 멀리하라

'적당이'란 말은 무슨 일을 하는데 있어 어쩌면 무난한 방식을 일컫는 말처럼 들릴 때도 있다. 하지만 이 말의 의미에 속지 말아야 한다. 이 말은 사람들이 최선을 다하지 않고 대충 때워도 된다는 것을 의미하기 때문이다.

성공적인 인생과 평범한 인생의 차이점은 종이 한 장의 차이에 불과하지만, 거기서 나타나는 결과는 놀랍도록 차이가 난다. 성공적인 인생이 되기 위해서는 이를 간과해서는 안 된다. 여러 차이점 중에서도 특히 '최선을 다하느냐 적당히 하느냐'라는 말에 주목하라. 이것이 '성공적인 인생으로 사느냐,

그냥 그런 인생으로 사느냐'하는 지를 가늠하는 척도라는 점이다.

당신은 적당이란 말에 절대 넘어가지 마라. 이 말은 사람의 무한한 잠재력을 갉아먹는 좀과도 같은 무책임한 말이다. 이 말의 미혹에 빠져 자신의 능력을 썩히고 뒤늦게 후회하는 사람들을 많이 볼 수 있다. 적당히 해서 크게 잘 되는 일은 어디에도 없었고 앞으로도 없을 것이다.

당신이 진정으로 성공적인 인생이 되고 싶다면 적당히 넘어가고 적당히 생각하는 적당주의를 자신의 마음으로부터 깨끗하게 몰아내야한다.

성공적인 사람과 평범한 사람의 차이점

01. 자신이 하는 일에 대해 투철한 긍지가 있느냐, 없느냐 하는 것이다.
02. 오늘을 마지막이라고 생각하고 최선을 다하느냐, 적당히 대충 하느냐 하는 것이다.
03. 목적의식이 분명하느냐, '안 하면 안 되니까 그냥 하는 것이다'라는 어쩔 수 없는 선택이냐 하는 것이다.
04. 창의적이고 능동적이냐, 아니면 구태의연한 방식을 쫓는 소극적인 자세로 하느냐 하는 것이다.
05. 자신이 하는 일에 대해 준비를 치밀하게 잘 하느냐, 아니면 대충 남이 하는 대로 따라 하느냐 하는 것이다.

적당이란 말에 대한 정주영의 생각

정주영은 적당이란 말을 몹시 싫어했다. 그 말은 성공으로 가는 길목을 차단하여 패배주의로 끌어내리는 부정적인 말로 생각했던 것이다. 이렇게 철저한 의식으로 무장된 정주영은 '적당히 일하고 월급이나 받자'라는 생각으로 가득 차 있는 직원들을 보면 분노에 가까울 만큼 화를 내며 질타했다.

그의 완벽주의적인 일화는 그의 인생에 비일비재하다. 그 가운데 하나의 예를 들어보자.

정주영이 충청북도 단양에 시멘트 공장을 건설할 때의 일이다. 정주영은 착공에서 준공까지의 2년 동안 매주 일요일이면 청량리에서 중앙선 야간열차를 타고 단양 현장으로 달려갔다. 그런데 어느 날 깜빡 잠이 들어 그만 내려야 할 곳을 지나치고 말았다. 정주영은 기차에서 내려 무려 30리 새벽길을 걸어 현장에 도착하였다. 정주영이 현장에 안 온 줄 알고 직원들은 다들 느긋하게 아침을 먹으러 식당에 들어서다 그가 나타나자 놀라서 아연실색하였다. 정주영은 현장 곳곳을 돌아보며 꼼꼼히 점검하고 잘못된 것은 곧바로 시정하게 했다. 그의 완벽한 일처리 때문에 직원들은 어느 누구하나 빈틈을 보일 수가 없었다. 그래서 그는 직원들 사이에 호랑이로 통했다. 그만큼 적당히 넘어가고 적당히 시간이나 때우는 사람들을 싫어했으며, 적당주의를 용납하지 않았다.

"이것을 내일 아침까지 해놓으세요."

정주영은 그 어떤 어려운 일도 늘 정확하고 명료하게 지시를 내리곤 했다. 그는 직원들에게 틈을 주지 않았다. 틈을 주면 적당히 일하고 적당히 넘어가려는 모습을 많이 보였으나, 틈을 주지 않으면 어떻게 해서라도 일을 다 끝내놓는 것을 자주 경험했기 때문이다.

"사람들은 보통 적당히 게으르고 싶고, 적당히 재밌고 싶어 하고, 적당히 편하고 싶어 합니다. 그러나 그러한 적당주의 사이로 귀중한 시간이 헛되이 빠져나갑니다. 이처럼 우매한 일은 없습니다. 나는 누가 뭐래도 내 철저한 확인과 무서운 훈련, 끈질긴 독려가 오늘의 현대를 만들었다고 믿습니다."

당신이 성공을 꿈꾸는 한 정주영의 이 말에 대해 주목할 필요가 있음을 명심하라. 그는 철저한 자기점검과 실천, 그리고 완벽한 일처리로 현대를 대한민국 일등 기업으로 만들었던 것이다.

최선을 다하는 것만이 성공에 이르는 길이다

죽어서도 호텔 왕이라고 불리는 사람 콘라드 힐튼! 그는 가난한 집안에서 태어나 호텔 벨 보이로 삶을 시작하였다. 그는 하루 종일 가진 자들의 짐을 들어주고 비위를 맞추고 잔심부름을 하며 팁을 받아 생활하였다. 하지만 그는 언제나 밝게 웃으며 자신의 일에 최선을 다했다. 그의 가슴 속에는 푸른 희망이 싹을 틔우며 자라고 있었기 때문이다. 그는 성공한 자들이 대부분 그랬듯이 미래의 성공한 자신의 모습을 상상하며 자신 앞에 놓인 가난한 현실을 극복해 나갔다. 그가 어려운 현실을 개의치 않고 씩씩하게 나 갈 수 있었던 것은 그에겐 꿈이 있었기 때문이다.

꿈이 있다는 것은 행복한 일이다. 꿈이 있는 사람은 배가 고파도 참아낼 수 있고, 설령 좌절하는 일이 있어도 견디어 낼 수 있다. 꿈은 미래를 바라보고 나가게 하는 희망의 등불이다.

힐튼은 자신의 꿈을 믿었다. 그래서 그 꿈을 실현시키기 위해 악전고투하면서도 끝내는 성공이란 거대한 빌딩을 세울 수 있었던 것이다.

영국을 대표하는 작가 찰스 디킨스! 그는 가난한 어린 시절 눈물의 빵을 먹으며 자랐다. 가난한 집안 살림을 돕기 위해 12살의 나이에 공장에서 상표 붙이는 일을 해야만 했다. 생각해보라! 고사리 같은 손으로 그 힘든 육체노동을 하는 어린아이의 모습을… 측은함을 온몸으로 느낄 것이다. 그러나 어린 찰스 디킨스는 묵묵히 그 일을 하면서 꿈을 키워나갔다. 그에겐 꿈이 있었는데 바로 작가가 되는 것이었다. 그는 작가의 꿈을 안고 자신 앞에 놓인 힘든 길을 헤쳐 나가며 글을 쓰는데 한 치도 소홀함이 없었다. 그는 글이 탈고 될 때마다 출판사에 보냈지만 번번이 퇴짜를 맞았다. 무명 작가를 달갑게 받아줄 리가 없었다.

이런 현상은 지금도 여전히 출판계에서 벌어지고 있다. 처음부터 무명 아닌 작가가 어디 있으랴만 출판사의 싸늘한 시선은 그를 주눅 들게 만들었다. 하지만 그는 실망하지 않았다. 언젠가는 자신의 글을 받아 줄 출판사를 만나게 될 거라는 꿈을 안고 글쓰기에 전심전력을 다했다.

드디어 그에게도 출판의 기회가 찾아왔다. 1836년 단편집 〈보즈의 스케치〉를 내며 작가로서 첫출발을 내디뎠다. 그리고 이어서 펴낸 〈올리버 트위스트〉가 폭발적인 인기를 끌며 무명의 서러움을 벗어날 수 있었다.

작가로서 탄탄한 지위를 굳힌 그는 1843년에는 〈크리스마스 캐럴〉을, 1860년에서 1861년 까지 2년에 걸쳐서는 자서전적인 소설 〈위대한 유산〉을 써서 그의 진가를 확실히 보여주었다. 그는 이 외에도 수많은 작품을 남기며 영국문학사상 섹스피어와 더불어 가장 위대한 작가가 되었다.

정주영이나 콘라드 힐튼이나 찰스 디킨스가 큰 성공을 거둘 수 있었던 것은 가난한 현실에서 오는 온갖 고통을 참아내며 자신이 하고자 하는 일에 최선을 다했기 때문이다. 이들이 대충, 적당히 했더라면 그와 같은 영광의 삶은 살 수 없었을 것이다. 한 번 생각해보라. 언감생심, 꿈도 꿀 수 없는 일이었을 것이다.

땀방울은 사람을 속이지 않는다. 땀방울의 양에 따라 일의 성과는 비례하는 것이다. 땀을 흘려라. 땀을 흘리며 책을 읽고, 땀을 흘리며 공부를 하고, 땀을 흘리며 당신의 인생을 개척하라. 한번 뿐인 당신의 인생을 위해 몸을 아끼지 말아야 한다. 오직 최선으로 당신의 인생을 사랑하고 최고로 인생을 즐겨라.

| 마인드 스터디 |

- 자신이 진정으로 성공적인 인생이 되고 싶다면 적당히 넘어가고 적당히 생각하는 적당주의를 버려라. 그리고 최선을 다하는 실천주의를 마음가득 채워 실천하라.

- 적당이란 말을 멀리하라. 적당이란 말이 무슨 일을 하는데 있어 어쩌면 무난한 방식처럼 여겨지기도 한다. 그러나 이 말의 의미에 속지 말아야 한다. 이 말은 사람들이 최선을 다하지 않고 대충 때워도 된다는 것을 의미하기 때문이다.

- 땀방울은 사람을 속이지 않는다. 땀방울의 양에 따라 일의 성과는 비례한다. 땀을 흘려라. 땀을 흘리며 책을 읽고, 땀을 흘리며 공부를 하고, 땀을 흘리며 자신의 인생을 개척하라.

20 success mind
성공의 연금술

한번 한 약속은 반드시 지켜라, 철저한 신용주의자가 돼라

약속은 상대방에 대한 예의이다

　약속은 목숨처럼 소중히 여겨야한다. 약속을 가볍게 여기는 것은 자신의 인생을 허투루 여기는 것과 같다. 약속을 잘 지켜야 하는 것은 약속은 그 사람의 인격이기 때문이다.

　현대를 신용사회라고 말한다. 이는 약속을 그만큼 소중히 여긴다는 것을 뜻하고, 신용도를 그 사람의 됨됨이로 여긴다는 의미이다. 그런데 약속의 중요성을 망각한 채 무심코 습관처럼 하는 약속을 많이 보게 된다. 이는 상대방에게나 자신에게나 백해무익한 일이다. 인생에 전혀 도움이 되지 않는 습관처럼 하는 약속은 하지 말아야한다. 그렇게 하는 약속은 자신을 형편없는 사람으로 추락시키고 만다. 지킬 수 있는 약속만 하라.

　잔잔한 감동을 준 아름다운 이야기가 매스컴을 통해 보도 된 적이 있다. 홍천에 사는 어떤 할머니가 연체 되었던 과태료를 관공서에 납부한 일이었다. 그게 뭐 그리 대수로운 일이냐고 말할 수도 있을 것이다. 하지만 그 내용을 알고 나면 저절로 고개가 끄덕여 질 것이다.

　할아버지가 생전에 실수로 산불을 낸 적이 있었다. 그런데 사는 게 너무 힘들다보니 과태료를 납부할 수가 없었다. 그래서 늘 마음의 짐을 안고 살았는데, 할아버지가 세상을 떠나면서 과태료를 내 달라고 할머니에게 당부했다고 한다. 할머니는 할아버지와의 '약속'을 지키기 위해 한 푼 두 푼 모은 돈으로 과태료를 납부한 것이다.

　참으로 아름다운 이야기가 아닐 수 없다. 이 이야기에서 보듯 약속을 지킨다는 것은 자신은 물론 상대방에게 기쁨을 주고 행복을 준다.

　약속에는 시간 약속, 물질적인 약속, 일과 관계된 약속, 사랑하는 이와의 약 속, 친구와의 약속, 부모와의 약속, 스승과의 약속 등 수많은 약속이 있다. 이중 어느 약속이 가장 중요하냐고 묻는다면 질문자체가 자신의 무식함을 드러내는 행위이다. 물론 약속도 그 내용에 따라 중요성이 각기 다를 수 있다. 하지만 약속이란 어떤 약속이든 간에 지켜져야 한다는 것엔 우선순위가 없을 것이다.

철저한 신용주의자가 돼라

　정주영은 아무것도 가진 게 없었지만 의욕을 잃거나 기가 죽지 않았다. 그는 정직과 신뢰성만 있다면 어디서든 잘 살 수 있다고 믿었기 때문이다. 그는 20대 시절 빈주먹으로 쌀가게를 운영했는데, 그를 잘 본 쌀가게 주인의 배려에 의해서다. 쌀가게 주인은 근면 성실하고 정직한 정주영을 눈여겨 보아오던 중 그에게 쌀가게를 넘겨준 것이다.

이후 정주영은 자동차수리공장를 인수했다. 이 때 정주영은 오윤근이란 사람으로부터 아무 담보도 없이 부족한 돈을 빌렸는데, 이렇게 될 수 있었던 것은 정주영이 그에게 깊은 신뢰를 주었기 때문이다. 신뢰할 수 없는 사람에겐 어느 누구도 돈을 빌려주지 않는 법이다.

그런데 안타깝게도 어렵게 마련한 돈으로 차린 자동차수리공장은 종업원의 실수로 그만 한 순간에 잿더미가 되고 말았다. 그는 공장도 잃고 수리를 위해 맡겨진 고객들의 차도 모두 잃고 말았다. 한마디로 빈털터리가 되고 말았다. 그러나 그는 모든 것을 잃었지만

● 정주영이 맨주먹으로 성공한 비결

01. 철저하게 신용을 지킨 신용주의자였다.
02. 한 번 한 약속은 반드시 지켰다.
03. 사람과의 관계에서 믿음을 매우 중요시 하였다.
04. 항상 약속을 기일보다 먼저 지켜 깊은 신뢰를 주었다.
05. 부지런함과 반듯한 자세로 자신을 관리하였다.

결코 좌절하거나 절망하지 않았다. 그에겐 이루고 싶은 꿈이 언제나 밤하늘에 반짝이는 별처럼 푸르게 빛나고 있었기 때문이다.

정주영은 다시 오윤근을 찾아가 사정얘기를 하고 또 다시 신용하나만으로 큰돈을 빌릴 수 있었다. 오윤근은 먼저 번 빌려준 돈도 있었지만 재차 큰돈을 빌려주었다. 이를 보더라도 돈을 빌려주는 사람으로서는 여간해서는 취할 수 없는 행동이다. 하지만 정주영에게 만은 예외였다. 이는 그만큼 정주영이 자신을 신용 있는 사람으로 만들었다는 것을 알 수 있다.

정주영은 그 일이 있은 후에도 사람들에게 믿음을 주고 신뢰를 주는 일에 조금도 소홀히 하지 않았다. 그러한 그의 삶의 정신은 국내는 물론 해외에서도 그대로 이어졌다. 그는 자신이 맡은 공사에 대해서는 무슨 일이 있더라도 반드시 공기를 지켰다. 앞에서도 밝혔듯이 큰 손해를 감수하면서 까지 고령교 공사를 완공하였고, 사우디아라비아 주베일 산업항 공사는 물론 경부고속도로를 비롯한 수많은 공사를 하면서 철저하게 약속을 지켰다. 이러한 그의 삶의 철학은 현대가 국내와 해외에서 큰 호응을 얻는 원동력이 되었다.

지키지 못할 약속은 하지마라

정주영이 그랬던 것처럼 신용 하나만으로도 자신을 성공시키는 사람이 되어야 한다. 그 누구든 인생은 오직 한번 뿐이다. 그 한번 뿐인 인생을 신뢰성 없는 사람이라는 낙인이 찍혀 불명예스럽게 할 수는 없지 않은가?

자신이 하나뿐인 인생의 멋진 주연이 되느냐, 못 되느냐는 오직 자기 자신에게 달려있다. 신용주의자가 된 것에 대해 정주영은 이렇게 말했다.

"장사꾼에게는 돈보다 신용이 첫째라는 것을 체험으로 알게 된 나는 어떤 약속도 철저하게 지키는 것을 원칙으로 삼았습니다."

백번 옳은 말이다. 정주영의 말에서 보듯 그는 성공의 길을 신용에서 찾으라고 말한다. 돈이 없어도 신용만 있고 확실한 비전만 있다면 성공할 수 있다는 것이다. 이 말에 대해 '그 무슨 말도 안 되는 소리냐'며 반론을 제기 할지도 모른다. 그러나 너무 극단적으로 생각할 필요는 없다. 구구절절이 옳은 말이 아니던가. 그렇다면 그의 말에 귀를 기울이고 겸허한 마음으로 받아 들여라.

누구에게든 당신의 소망이 무엇이냐고 묻는다면, 성공한 인생이 되는 거라고 말할 것이다. 자신에게도 상대방에게도 그 무엇에도 철저하게 약속을 지켜라. 그리고 지키지 못할 약속은 아예 하지를 마라. 지키지 못할 약속을 마구 남발하면 그것은 당신의 인생을 가볍게 여기는 것과 같다. 약속에 대한 남다른 철학으로 최대한 당신의 인생을 의미 있는 인생으로 만들어라.

| 마인드 스터디 |

- 약속은 신용이다. 약속을 목숨처럼 소중히 여겨라. 약속을 가볍게 여기는 것은 자신의 인생을 허투루 여기는 것과 같다. 약속을 잘 지켜야 하는 까닭은 약속은 그 사람의 인격이기 때문이다.

- 신용으로 자신을 무장하라. 자신을 철저하게 신용으로 무장하고 신용주의자가 되어라. 신용이 보장되는 인생은 그것만으로도 절반은 성공한 인생이다.

- 지키지 못할 약속은 절대 하지마라. 지키지 못할 약속을 마구 남발하는 사람들이 있는데, 이는 자신의 인생을 가볍게 여기는 것과 같다. 최대한 자신의 인생을 의미 있는 인생으로 만들어야 한다.

21 success mind
성공의 연금술

고정관념을 버리고 변화를 추구하라, 새로운 생각을 마음가득 채워라

고정관념은 변화를 가로막는 최대의 적이다

고정관념은 새로움을 추구하는 데 있어 방해꾼과 같다. 새로움을 추구하는 사람들에게 고정관념은 답답하고 꽉 막힌 낡은 사고방식에 불과할 뿐이다. 고정된 생각, 고정된 마음, 고정된 습관, 고정된 구태의연한 방식으로는 새로운 도전과 새로운 환경을 개척해 나갈 수가 없다.

'새 술은 새 부대에 담아야한다'는 성경 말씀이 있다. 새 술을 낡은 부대에 담는다면 맛에 영향을 줄 수도 있고, 흠이 난 곳으로 술이 샐 수도 있다. 그래서 새로운 것은 새로운 환경에 맞게 따라야 한다. 그런데도 낡은 사고방식에 얽매어 변화하기를 주저한다면 그런 사람은 미래에 대한 비전과 도전정신이 없는 나약한 사람일 뿐이다.

새로운 생각을 마음가득 채워라

미사와 치요지! 그는 기둥 없는 집을 지어 일본 주택산업에 일대 변화를 일으킨 장본인이다. 미사와 치요지는 상식의 틀을 깨고 목질 패널 접착 공법으로 특허를 내고 그 기술을 팔러 대기업 건설회사를 찾아다녔다. 하지만 만나는 사람들마다 '기둥 없는 집을 짓는다니 그 무슨 말도 안 되는 소리냐'며 비웃었다. 그들이 그렇게 비웃는 것도 당연한 일이었다. 생각해보라. 기둥 없는 집을 지었다가 무너져 내리기라도하면 어쩔 것인가?

아무도 그의 기술을 알아주지 않자, 미사는 친구와 함께 회사를 설립하고 외부용역을 들여 기둥 없는 집을 지었다. 처음엔 거들떠 보지도 않던 사람들이 점차 기둥 없는 집에 관심을 갖기 시작했다. 기둥이 없는 만큼 집을 더 넓고 편리하게 쓸 수 있다는 것을 알게 된 것이다. 그러자 매출이 이루어지기 시작했다. 그리고 매출은 빠른 속도로 높아지며 계속 이어져나갔다. 그 결과 대성공을 거두었다.

그가 성공할 수 있었던 것은 '집은 기둥이 있어야 한다'는 고정관념을 깨트러버렸기 때문이다. 모든 것은 마음에서 결정된다. 마음 자세를 어떻게 하느냐에 따라 인생이 달라지는 법이다. 그렇기 때문에 낡은 마음과 낡은 생각으로는 빛나는 인생의 주역이 될 수 없다. 흐르는 물은 절대 썩는 법이 없으나 고인 물은 썩는 법이다. 그런데 이상은 높고 뜻만 높은 사람들이 낡은 마음과 낡은 생각을 가득 품고 거리를 활보하고 있다. 뜻만 높다고 해서, 의욕만 앞세운다고 해서 빛나는 인생이 되는 것은 아니지 않는가?

생각하고 또 생각하라. 빛나는 인생이 되기 위해서는 그만한 열정과 가치 있는 노력이 뒤따라야 한다는 것을… 가치 있는 노력과 열정을 쏟기 위해서는 낡은 마음, 낡은 생각인 고정관념을 과감하

창의적인 생각을 하는 방법

01. 늘 새로움을 꿈꿔야 한다. 오늘이나 내일이 같다면 그것은 낡은 삶에 불과할 뿐이다. 새로운 꿈이 없인 앞서가는 사람이 될 수 없다.

02. 지금보다 나은 자신의 모습을 상상하라. 그런 모습은 상상하는 것만으로도 신선한 자극이 되어줄 것이다.

03. 비전을 가슴 가득 품어라. 비전이 없는 사람은 죽은 인생과도 같다. 그가 누구든 죽은 인생으로 살고 싶진 않을 것이다.

04. 매사에 궁금증을 갖고 사고하고 행동하라. 궁금증은 자신의 생각을 보다 능동적이고 활력 있게 만들어 준다. 그래서 성공한 사람들은 하나같이 능동적이고 긍정적인 사고방식으로 무장 했음을 알 수 있다.

05. 성공한 사람을 자신의 성공모델로 정해 그 사람의 장점을 성공지침으로 삼아 그가 했던 것처럼 실천해보라. 자꾸만 따라서 하다 보면 자기도 모르는 사이에 그를 닮아 있음을 발견할 것이다. 그렇게만 할 수 있다면 성공의 길은 자신의 곁에 가까이에 와 있다고 믿어도 좋을 것이다.

게 깨트려 버려야 한다는 것을… 그리고 새로운 생각과 새로운 마음으로 철저하게 무장해야 한다는 것을 말이다.

정주영 역시 고정관념의 틀을 깨트리는 데는 일가견이 있는 사람이다. 그가 거둔 성공 중엔 고정관념의 틀을 과감하게 깨트리고 이룬 것들이 너무도 많다.

울산조선소 도크를 건설할 때의 일이다. 도크가 미완성이다 보니 골리앗 크레인을 설치 할 수가 없었다. 그러다보니 모든 대형 블록이며, 3만 마력짜리 엔진이며, 부품 운반을 사람 손에 의존할 수밖에 없었다. 이렇게 해서 일부 조립품을 12미터 깊이 도크바닥으로 옮기는 일은 특수트레일러로 해결했는데, 선수(뱃머리) 부분 조립이 끝난 1호선을 제3도크로 운반하려면 골리앗 크레인이 설치될 때까지 기다릴 수밖에 없다는 게 기술자들의 결론이었다. 그리고 모두들 그것이 바른 해법이라고 생각했다.

그런데 골리앗 크레인을 들여놓을 때까지는 장장 3개월이 필요했다. 그리고 3개월을 허비하면 공기를 맞출 수가 없었다. 그렇게 되면 선주와의 공기 약속은 깨지고 마는데, 그것은 신뢰관계에 있어 매우 치명적인 일이다. 그처럼 무책임한 조선소에 배를 만들어 달라고 할 선주는 세상 그 어디에도 없을 테니까. 이를 잘 알고 있는 정주영으로서는 이 문제에 대해 매우 민감할 수밖에 없었다. 조선소의 미래가 걸린 문제였다. 이리저리 골똘히 궁리를 하던 그는 대뜸 이렇게 말했다.

"그렇다면 있는 트레일러에 선수 블록을 싣고 뒤에서 불도저가 당겨 경사진 언덕에 감속을 하면서 사고 없이 내려가는 건 가능 합니까?"

그의 갑작스런 질문에 기술진은 이론적으로는 가능하다고 말했다. 그러자 정주영은 대뜸 그렇게 하라고 지시를 내렸다. 그러자 기술책임자는 난색을 표하며 말했다.

"그것은 어디 까지나 이론으로만 가능하지 실제론 어려울 수도 있습니다."

"아니, 이론상으로는 가능하다고 하지 않았소. 그런데 그건 또 무슨 말입니까?"

정주영의 단호한 되물음에 기술책임자는 움찔거리며 대답했.

"이론상으로는 그렇다는 것입니다."

"그러면 당장 시도하시오."

정주영의 서릿발 같은 명령에 기술책임자는 그가 말한 대로 시도하였다. 그랬더니 놀랍게도 그의 말대로 착착 맞아떨어지는 게 아닌가. 기술책임자는 물론 그곳에 있던 사람들은 그의 기발한 아이디어에 혀를 내둘렀다. 과연 정주영다운 발상이었던 것이다. 보통 사람들이라면 그 상황에서 포기 했을 게 뻔하다. 하지만 정주영은 달랐던 것이다.

또 다른 일화가 있다. 조립공장을 지을 때의 일이다. 울산지역은 최대풍속이 태풍 때엔 초속 60미터나 되기 때문에 초속 60미터 강풍을 견뎌내야 한다는 기술자들의 얘기에 정주영이 대뜸 이렇게 물었다.

"공장 벽은 뭘로 할 건가요?"

"슬레이트로 합니다."

"그럼 슬레이트 벽은 초속 몇 미터까지 견딜 수 있습니까?"

그의 말에 잠시 머뭇거리던 담당자가 대답했다.

"초속 40미터입니다."

"그럼, 남는 건 뭔가요?"

"기둥입니다."

"다 날아가고 초속 60미터에 견디라고 굵은 기둥만 박자는 겁니까?"

"……."

이에 담당자는 아무 말도 하지 못했다. 그 즉시 정주영은 교과서적인 것이 아닌 우리 형편에 맞는 방식으로 하라고 지시하였다.

"고정관념의 노예가 되어 있으면 적응력이 뛰어날 수 없습니다. 교과서적인 사고방식은 함정과도 같은 것입니다. 뛰어난 인간은 함정을 슬기롭게 지나가는 법이지요."

정주영은 고정관념의 틀에 갇히지 말라고 말했다. 그리고 그는 자신이 성공적으로 현대그룹을 이룬 힘은 시시각각 변하는 현대사회의 변화에 재빠르게 대응할 줄 아는 감각을 키웠기 때문이라고 종종 말하곤 했다. 백번 옳은 말이다. 현실은 21세기 최첨단을 걷고 있는데 생각은 19세기에 머물러 있다고 가정해보라. 이건 완전 불일치에다 난센스이다. 지금 당장 고정된 당신의 생각과 낡은 마음을 새로운 생각과 새로운 마음으로 완벽하게 바꿔라.

교과서적인 이론을 뛰어넘는 새로운 감각을 키워라

이론은 학문이다. 그리고 그것이 언제나 옳은 것은 아니다. 이론과 달리 그 이론을 뛰어넘는 실제적인 것이 얼마든지 있기 때문이다. 기술자의 방법은 이론에만 의존하려는 하나의 고정관념에 불과했지만, 정주영이 제시한 대안은 이론적으로는 타당하지 않으나 실제에는 가능했던 것들이 많다. 그렇다고 해서 학문적으로 입증된 이론을 무시 하라는 말은 절대 아니다. 이론도 옳지만 그 이론에만 생각을 고정시켜서는 안 된다는 얘기다.

정주영은 바로 이런 점에서 매우 뛰어난 사람이었다. 그는 늘 상식을 뛰어넘는 발상으로 일을 성공적으로 이끌어냈고, 사람들을 놀라게 했다. 만약 그가 이론적인 고정관념에서 벗어나지 못했다면 결코 오늘의 현대는 없었을 것이다.

우리나라 근대사를 보더라도 옛날의 사고방식을 떠나 새로운 문물을 받아 들이고 그 분야에서 새로운 사고방식으로 도전하였던 사람들을 많이 볼 수 있다. 서양화가 나혜석, 무용가 최승희, 화가 박수근, 이중섭, 에세이스트 전혜린, 지휘자 안익태 같은 분들이 대표적인 사람들이다. 그들은 당시의 사회적 통념으로 볼 때 놀랄 만큼 파격적인 삶을 살았다. 그래서 이들 중 어떤 이들은 비난을 받기도 했지만, 그럼에도 불구하고 자신의 길을 당당하게 걸어갔다. 긴 세월이 흐른 지금 그들은 선각자로 후세 사람들에게 새롭게 조명 받고 있다.

지금보다 인생을 더 멋지게 살기위해선 고정관념을 버리고 늘 새로운 변화를 추구해야 한다.

| 마인드 스터디 |

- 고정관념은 변화를 가로막는 최대의 적이다. 고정관념은 새로움을 추구하는 데 있어 방해꾼과 같다. 새로움을 추구하는 사람들에게 고정관념은 답답하고 꽉 막힌 낡은 사고방식에 불과할 뿐이다. 고정된 생각, 고정된 마음, 고정된 습관, 고정된 구태의연한 방식으로는 새로운 도전, 새로운 환경을 만들어 나갈 수가 없다.

- 빛나는 인생이 뜻만 높다고 해서, 의욕만 앞세운다고 해서 되는 것이 아니다. 빛나는 인생이 되기 위해서는 그만한 열정과 가치 있는 노력이 뒤따라야 한다. 가치 있는 노력과 열정을 쏟기 위해서는 고정관념을 과감하게 깨뜨리고, 새로운 생각과 새로운 마음으로 무장해야한다.

- 이론은 옳지만 이론을 뛰어넘는 새로운 감각을 키워야한다. 그렇다고 해서 학문적으로 입증된 이론을 무시 하라는 말은 아니다. 그 이론에만 생각을 고정시켜서는 안 된다는 것이다. 이론이 실제에는 맞지 않는 경우도 종종 있으므로 고정된 이론을 뛰어넘는 새로운 감각을 키워라.

| 변화와 혁신을 위한 김옥림의 긍정의 한 줄 |

- 고정관념은 변화의 적이다. 지금보다 더 나은 인생을 원한다면 고정관념을 마음속에서 날려버려라.

- 상대와 환경을 바꾸려하지 말고 자기 자신을 바꿔라.

- 충고는 변화의 에너지다. 진정한 자기 발전을 위해서라면 충고를 흔쾌히 받아들여라.

- 새로운 자신의 모습을 항상 생각하라. 그러면 어떤 어려움도 고통도 견뎌낼 수 있다.

- 기회가 찾아오기를 기다리지 마라. 기회가 찾아오기를 기다리면 이미 늦다. 성공하고 싶다면 당신이 먼저 기회를 찾아라.

- 넘어지는 것을 두려워하지 마라. 당신이 지금 잘 걷는 것은 걸음마를 배울 때 많이 넘어져 봤기 때문이다. 당신이 진정 보다 나은 삶을 원한다면 장애물을 두려워하지 말고 넘어가라.

- 잘못된 것은 즉시 시정하라. 곪은 것을 그대로두면 나중엔 상처 부위를 도려내야 하듯 당신의 인생을 그릇되게 할 수 있다.

- 지나간 실패에 대해 생각하지마라. 실패를 잊되 실패를 통해 배운 교훈을 마음에 새겨 성공의 디딤돌로 삼아라.

- 자신을 철저하게 관리하라. 자신에게 지는 자는 그 어떤 성공도 기대할 수 없다. 성공한 자들은 하나같이 자신을 이긴 사람들이다. 어떤 상황에서도 자신을 이기는 사람이 돼라.

- 성공을 방해하는 세 가지 나쁜 마인드는 첫째는 매사에 부정적인 생각을 하는 것, 둘째는 게으름과 나태함, 셋째는 대충 넘어가는 무사안일주의이다.

- 오늘 일은 반드시 오늘 끝내라. 하루를 미루면 이틀이 되고, 사흘이 되고, 나흘이 되고, 한 달이 되고, 일 년이 되고, 십년이 되고, 끝내는 영원히 못하게 된다.

- 배타적인 생각을 버려라. 변화의 걸림돌은 고정관념에도 있지만, 배타적인 생각이야 말로 가장 위험한 생각이다. 배타적인 생각은 적을 만들 수 있기 때문이다.

- 모르는 것은 반드시 알고 넘어가라. 무엇을 안다는 것은 새로운 변화를 위해 반드시 필요하다. 지식은 성공의 근본이다.

- 매사를 긍정적으로 사고하고 능동적으로 행동하라.

- 인생에 연장전은 없다. 전반전에서 승부를 내던 후반전에서 승부를 내던 주어진 시간에 해야 한다. 그러기 위해서는 최선을 다하라.

- 문제 뒤에는 반드시 답이 있다. 그것을 놓치지 말고 연구하고 찾아내라.

- 열정 형 인간이 돼라. 열정은 불가능을 가능하게 한다. 열정을 믿어라. 열정이 사라지지 않도록 꿈을 잃지 마라.

- 성공한 사람들의 성공마인드를 벤치마킹하라. 그것이야 말로 가장 확실한 성공비법이다.

Part 04
행복한 인생이 돼라, 삶은 행복을 추구하는 것이다

사람은 누구나 행복해지길 바란다.
행복해지기 위해서는 최선을 다 해야 한다.
―알랑

성공신화는 누구나 쓸 수 있다, 고난과 역경 앞에서도 당당하게 맞서라

성공신화로 가는 길

성공! 성공은 누구나 이루고 싶은 인생 최대의 목적이다. 성공하고 싶지 않은 사람은 어디에도 없다. 사람이라면 물질을 얻든 명예를 얻든 권력을 얻든 학문적인 업적을 이루든 자신이 하고 싶은 것이 있기 마련이다. 그런데 이런 꿈을 두고 자신은 그런 꿈을 이루지 못할 거라고 여기는 사람들이 의외로 많다. 그런 생각을 하는 사람들은 성공신화를 쓰는 사람은 따로 있다고 믿기 때문이다.

사람들이 이런 생각을 갖게 되는 이유는 성공신화를 쓰고 싶은 꿈은 있지만, 그것을 이루기엔 자신의 능력이 너무 보잘 것 없다고 여기는 마음을 가지기 때문이다. 하지만 이런 생각으로부터 벗어나야 한다.

처음부터 완벽하게 성공 조건을 갖춘 사람은 없다. 물론 사람에 따라서는 부모의 덕으로 유리한 성공 조건을 갖추고 태어나기도 하지만, 그런 조건이 있어야 성공을 이룬다고 믿는 것은 비뚤어진 생각에 불과하다. 부모의 혜택 없이도 성공신화를 쓴 사람들은 얼마든지 있다.

국외로는 앤드류 카네기, 헨리 포드, 스티븐 스필버그, 벤저민 프랭클린, 아브라함 링컨, 찰스 디킨슨, 어네스트 헤밍웨이, 엔리코 카루소, 오프라 윈프리, 소피아 로렌, 아놀드 슈워제네거, 월트디즈니 등 그 수를 헤아릴 수 없이 많다. 국내적으로는 신격호, 유일한, 반기문, 조수미, 장기려, 강영우, 이수동 등 수없이 많다. 다만 당신이

성공신화를 쓰기 위한 조건

01. 자신이 가장 잘 할 수 있는 것을 목표를 삼아라.
02. 가만히 앉아서는 감나무의 감을 딸 수 없듯. 목표를 이루기위해서는 오늘 죽을 힘을 다해 실천하라.
03. 수시로 새로운 정보를 수집하고 독서하라. 다양한 독서는 성공의 필수요소이다.
04. 실패를 넘어서라. 미친 듯이 끝까지 도전하라.
05. 자신에게 도움을 줄 수 있는 조력자들을 최대한 확보하라. 인적자산도 성공의 필수요소이다.

생각하고 시도하지 않아서 일 뿐이다. 성공신화를 쓰기 위해서는 성공신화의 길로 가야한다.

성공신화는 누구나 쓸 수 있다

성공은 사람을 가리지 않는다. 성공적인 인생이 되느냐 못 되느냐는 오직 자신에게 달려있다. 만일 사람이 태어나면서 성공하는 인생이 따로 정해져 있다면 하루하루가 곤혹스럽게 여겨질 것이다. 왜냐하면 그런 상황에서 미래를 위해 준비해봤자 이미 성공하는 사람은 따로 정해져 있으니까.

하지만 안심하라. 성공은 자신의 모든 것을 바쳐 빛나는 내일을 준비하고 노력하는 사람에게는 반드시 찾아오는 법이니까. 행복한 미소를 지으며 성공이 당신을 향해 달려올 수 있도록 하라. 그것을 누가 대신 해주길 기대하지 마라.

"성공하기를 원한다면 그 모든 것은 당신 자신에게 달려있다. 당신 자신의 책임이다"

이 말은 영국의 언론인이자 저술가인 윌 호튼이 한 말이다. 이 말처럼 성공은 자신에게 달려 있다. 당신이 진정으로 성공신화를 쓰고 싶다면 절대로 당신 자신에게나 상대방에게 나약한 모습을 보이지 말아야 한다. 그 어떤 고난과 역경 앞에서도 당당하게 맞서야 한다. 자신에게 지면 그것으로 끝장이다. 자신에게 지지 않도록 인내심을 기르고 평정심을 잃지 말아야한다. 성공한 인생이 되느냐, 실패한 인생이 되느냐는 종이 한 장 차이에 불과하다. 오직 온전한 마음과 온전한 실천으로 당신을 무장하고 또 무장하라.

어떤 고난과 역경 앞에서도 당당하게 맞서라

정주영이 다른 성공한 기업인들과 크게 다른 점이 있다면, 거듭 말하지만 그는 맨주먹으로 성공신화를 썼다는 점이다. 현대와 쌍벽을 이루는 삼성을 창업한 이병철은 천석지기 부호의 아들이었다. 이런 관점에서 볼 때, 정주영은 막노동으로 시작해서 성공신화를 쓴 대표적인 입지전적의 인물이다.

성공을 이루고 싶은 꿈을 갖고 있던 정주영은 밑바닥에서부터 차근차근 자신의 인생을 개척했던 것이다. 돈이 없으니 그에겐 그 방법이 최선이었다. 정주영은 자신의 가난을 슬퍼하거나 원망하지 않았다. 그는 현실을 받아들이고 미래를 개척하기 위해 혼신의 힘을 다 했던 것이다.

노력은 재능을 뛰어넘는 가장 확실한 방법이다. 노력하는 자에게 길은 반드시 열리는 법이다. 정주영의 노력은 힘들고 고달팠지만 그에게 기쁨의 열매가 되어 돌아왔다. 인내는 쓰지만 그 열매는 달았던 것이다. 정주영은 계속해서 기쁨의 열매를 수확하기 위해 한시도 노력을 게을리 하지 않았다. 그야말로 그는 대단한 노력가였다.

인생 명작은 아무나 쓸 수 없지만, 또 아무나 쓸 수 있다. 그것은 인생 명작을 쓸 수 있는 조건을 갖추었느냐, 아니면 갖추지 못했느냐에 따른 문제다. 정주영이 쓴 성공신화는 대단한 인생의 명작이며 인생의 베스트셀러이다. 당신도 인생의 명작이 되고 베스트셀러가 될 수 있음을 명심하라.

| 마인드 스터디 |

- 성공신화를 쓰기 위해서는 성공신화의 길로 가야한다. 성공신화의 길로 가기 위해서는 첫째, 자신이 가장 잘 할 수 있는 것으로 목표를 삼아라. 둘째, 가만히 앉아서는 감나무의 감을 딸 수 없듯 목표를 이루기위해서는 온몸과 마음을 다해 실천해야 한다. 셋째, 새로운 정보를 수집하고 독서력을 길러라. 넷째, 실패를 두려워하지 말고 끝까지 도전하라. 다섯째, 자신에게 도움을 줄 수 있는 조력자들을 최대한 확보하라.

- 성공신화는 누구나 쓸 수 있다. 자신이 성공한 인생이 되느냐, 실패한 인생이 되느냐는 종이 한 장 차이에 불과하다. 성공하고 싶다면 오직 온전한 마음과 온전한 실천으로 자신을 무장하고 또 무장하라.

- 성공신화를 쓰기위해서는 어떤 고난과 역경 앞에서도 당당하게 맞서라. 자신에게 지면 그것으로 끝장이다. 자신에게 지지 않도록 인내심을 기르고 평정심을 잃지 않도록 해야 한다.

23 success mind
성공의 연금술

근검절약을 실천하라,
돈은 버는 것 보다 쓰는 것이 더 중요하다

근검절약정신을 길러라

근면하고 검소한 생활은 삶을 풍요롭게 한다. 열심히 일하고 아끼고 절약하다보면 부를 쌓을 수 있기 때문이다. 우리나라가 가난하던 시절 근면과 검소는 전 국민의 표어였다. 국민들은 근면하고 검소하게 생활하며 경제발전에 온 힘을 쏟았다. 그 결과 2007년에는 1인당 국민소득이 2만 달러를 넘어섰다. 이 수치는 경제개발에 첫 삽을 뜨던 1960년대의 우리나라를 생각하면 꿈같은 수치이다. 그런데 놀랍게도 그 꿈같은 이야기가 현실로 이루어진 것이다. 이같은 짧은 기간에 이룬 획기적인 성과는 전 세계적으로도 유래가 없는 일이다. 이를 보더라도 근면과 검소는 아무리 강조를 해도 인생에 더할 나위 없이 좋은 보약이다.

지금 우리 사회는 과소비 풍조에 휘말려있다. 그처럼 근면하고 검소하던 국민성은 어디로 가고, 시도 때도 없는 해외여행에다 귀국할 땐 공항에서 적발될 걸 뻔히 알면서도 값비싼 외제품을 여행가방이 터지도록 들여오고 있다. 그리고 공항검색대에서 적발되면 '내 돈 내가 쓰는데 그게 뭐가 잘못됐느냐'며 되레 큰소리를 치곤하는데 그 모습이 가히 안하무인격이다.

오직 그들의 머릿속엔 자기 돈은 자기 맘대로 써도 된다는 비뚤어진 생각으로 가득 차 있다. 물론 말 그대로 하면 그 것도 맞는 말이다. 하지만 그들이 번 돈은 대한민국에서 번 돈이다. 그렇다면 그 것은 자기 돈만이 아니다. 돈은 돌고 도는 것이므로 내 손에 있던 돈이 언젠가는 또다시 다른 사람에게로 가는 법이다. 경제적 이치가 이런데도 '내 돈 내가 쓰는데 무슨 상관이야!' 라는 말을 부끄럼 없이 한다는 것은 아주 수치스러운 일이다.

근검절약은 좋은 성공습관이다.

정주영은 근검절약하기로 유명했다. 그는 새벽에 일어나 걸어서 출근을 했고(물론 건강을 위한 뜻도 있지만), 양복도 옷깃이 헤지도록 입었으며 근무복도 한 벌이면 만족해 했다. 이에 대해 사람들은 이렇게 말한다.

"돈 쌓아두고 무슨 청승이야. 그 돈 다 언제 쓰려고 그래. 나 같으면 그처럼 구질구질하게 살지 않을 거야. 한 번 뿐인 인생인데 폼 나게 살아봐야지 하지 않겠어?"

그러면 또 다른 사람들은 이렇게 말한다.

"맞아, 나 같으면 폼 나게 살아볼 거야."

그렇다. 이 말은 내가 지어낸 말이 아니다. 나는 그렇게 말하는 사람들을 많이 보았다. 나는 여기서 큰 부자와 보통 사람의 차이를 분명히 느낄 수 있다. 자수성가한 부자들은 대부분 정주영과 같은 생각을 하고, 실제로 그렇게 산다는 것이다. 그런데 보통 사람들은 그들의 삶을 잘 이해하지 못한다는 사실이다. 하지만 이점이 정주영의 사람됨을 한 층 더 높여주고 있다는 사실이다.

그가 자동차 수리 공장을 할 때의 일이다. 직원이 60명이나 되었

정주영의 성공습관

01. 근검절약하는 습관을 철저히 지켰다.
02. 신용을 제일의 원칙으로 삼았다.
03. 부지런한 생활 습관을 평생 유지했다.
04. 몸소 실천하여 모범을 보임으로써 임직원들이 자발적으로 일을 하게 만들었다.
05. 아이디어 뱅크라고 불릴 만큼 창의력 계발을 중요시하고 실천하였다.
06. 저축을 장려하고 실천하였다.
07. 언제나 새로운 꿈을 가슴에 품고 살았다.
08. 건강한 몸은 자산이라고 생각해서 건강관리를 습관화하였다.

는데 그 당시로는 꽤 큰 회사였다. 그런데도 정주영의 밥상은 초라하기 그지 없었다. 김치 하나와 국 한 그릇이면 그것으로 족했다. 그 이상의 반찬은 절대 허용하지 않았다. 직원이 60명이나 되는 사장 밥상치곤 아주 보잘 것 없어, 그 일을 아는 사람들로부터 공연한 오해를 사는 일도 있었다. '돈만 아는 짠돌이, 자기 배속에 들어가는 것도 아까워하는 구두쇠' 라는 등의 오해를 샀다. 그러나 정주영은 그런 오해 따위에는 아랑곳 하지 않았다. 왜냐하면 진실은 그게 아니었으니까. 이와 같이 중심이 반듯한 사람은 주변 사람들의 사소한 오해 따위엔 신경을 쓰지 않는다.

"집도 없으면서 텔레비전은 왜 사서 셋방으로 끌고 다닙니까? 라디오 하나 있으면 세상 돌아가는 것 다 아니까 집 장만할 때 까지는 라디오만 갖고 견디기 바랍니다. 커피도 담배도 집 장만 할 때 까지는 참으세요. 그리고 회사에서 작업복, 수건, 속옷도 다 주니까 옷 사는데도 돈 쓰지 말고 저축하기 바랍니다. 양복은 한 벌만 장만해서 처갓집 갈 때만 입으세요."

이 말은 정주영이 직원들에게 한 말이다. 이 말에서도 알 수 있듯이 그는 직원들에게 쓸데없는 낭비를 줄이고 근검절약해서 집부터 장만하라고 권유한다. 나무가 뿌리를 튼튼하게 내려야 견고하고 우뚝한 것처럼 집은 사람들에게 튼튼한 삶의 뿌리가 되어 마음의 안정을 가져다준다고 여겼던 것이다.

당신은 정주영의 말에 대해 어떻게 생각하는가? 그가 돈만 아는 구두쇠라고 생각하는가, 아니면 역시 그 다운 생각이라고 하는가? 그것은 오직 당신이 알아서 판단할 일이다.

돈은 버는 것 보다 쓰는 것이 더 중요하다

　돈은 버는 것보다 어떻게 쓰느냐가 더 중요하다. 아무리 돈을 많이 벌어도 쓰는 법을 잘 모르면 밑 빠진 독에 물붓기와 같다. 한 달에 1백 만 원을 벌어 50만원을 저축하는 사람과, 5백 만 원을 벌어 10만원을 저축하는 사람 중 누가 더 실속 있는 삶을 사는 사람이겠는가? 지금 당장은 사고 싶은 것 못 사고, 갖고 싶은 것 못 갖아 속이 상하겠지만, 자신의 미래를 위해서는 참고 기다릴 줄 알아야 한다. 특히 한창 꿈에 부풀어 있는 젊은이들은 더욱 근검절약정신이 필요하다. 근검절약정신을 습관화 하지 않으면 밝은 미래를 설계하고 개척하는데 어려움이 따르기 마련이다.

　성공한 사람들의 성공습관을 보면 일반 사람들이 하지 못하는 강인한 실천정신을 갖고 있다. 아무리 목표가 훌륭하고 뜻이 높다 해도 그것을 이루겠다는 실천적의지가 약하면 그림의 떡일 뿐이다. 그러나 강한 실천력으로 꾸준히 밀고 나가면 반드시 성공적인 인생이 될 수 있다. '천리 길도 한 걸음부터' 라는 말이 있지 않은가? 모든 성공 뒤엔 차근차근 노력으로 쌓아올린 그 사람의 열정이 담겨 있음을 잊지 마라.

| 마인드 스터디 |

- 근검절약정신을 길러라. 지금 우리사회는 과소비 풍조에 휘말려있다. '나 하나쯤이야'하는 그 하나쯤이 자신을 망치고, 가정을 망치고, 사회를 망치고, 나라를 망치는 것이다. 자신의 빛나는 미래를 위해서라면 근검절약정신을 반드시 길러야한다.

- 근검절약은 좋은 성공습관이다. 근검절약을 습관화 하지 않으면 밝은 미래를 설계하고 개척하는데 어려움이 뒤따른다. 성공하고 싶다면 반드시 근검절약을 습관화 하라.

- 돈은 버는 것 보다 쓰는 것이 더 중요하다. 성공적인 인생이 되기 위해서라면 근면검소하고 참고 기다릴 줄 아는 사람이 돼라. 모든 성공은 근검절약을 실천하는데서 오는 것이다.

24 success mind
성공의 연금술

행복한 인생이 돼라,
삶의 목적은 행복을 추구하는 것이다

행복한 인생이란 무엇일까

'나는 과연 행복한 사람일까?' 하고 누구나 한번쯤은 생각해 보았을 것이다. 그런데 자신을 행복한 사람이라고 생각하는 사람은 과연 얼마나 될까? 이에 대해 자신의 인생에 만족한다는 사람보다 그렇지 않은 사람이 훨씬 더 많은 것 같다. 왜일까? 그것은 자신의 인생에 대한 행복 기대지수가 너무 높기 때문이다. 그 행복 기대지수를 조금만 낮추면 자신을 행복한 인생이라고 생각하는 사람들의 숫자는 크게 증가할 것이다.

사람들은 행복의 가치 기준을 말할 때, 대개 물질에 행복의 가치를 두는 편이다. 그 까닭은 물질이 풍요로워야 자신이 행복하다고 믿기 때문이다. 다시 말해 '물질은 사람들이 원하는 것을 충족시켜주는 근본요소'라고 생각하며 그것을 인생의 목적이라고 여기는 것이다. 그러나 이것이 얼마나 잘못된 생각인지를 알게 해주는 통계가 있다. 물질이 풍요로운 미국, 영국, 프랑스, 독일 등 선진국 사람들의 행복지수는 매우 높을 거라고 대부분 생각할 것이다. 그러나 선진국엔 자신이 불행하다고 여기는 사람들이 더 많다. 그 반면에 세계 최대 빈민국인 방글라데시나 네팔 등 빈민국가에는 자신이 행복하다고 여기는 사람들이 더 많다. 이를 보면 행복의 첫째 조건은 물질이 아니라는 것이다.

그렇다면 행복의 기준은 무엇일까? 그것은 마음을 가벼이 하는 것이다. 다시 말해 물질에 대한 욕망의 수치를 낮추는 만큼 행복지수는 높아진다는 것이다. 맞는 말이다. 누구나 이런 경험이 있을 것이다. 나보다 형제나 친구가 더 좋은 것을 갖고 있을 때 자신도 모르게 마음속으로부터 솟아나던 시기와 부러움 말이다. 그리고 그럴 때 자신이 상대방 보다 불행하게 여겨진다는 것을…

이를 보더라도 물질은 사람을 행복하게도 하지만, 불행의 원인으로도 작용한다는 것을 잘 알 수 있다.

"만족하는 마음을 가질 수 없는 사람에겐 결코 만족한 생활이란 없다"

이는 묵자의 말이다. 이 말의 의미는 만족의 눈높이가 높은 사람은 그 만한 조건을 갖추어야 하는데, 그것이 결코 쉽지 않은 일이라는 것이다. 그러기에 만족의 눈높이가 낮으면 그만큼 행복한 삶을 살아갈 수 있다는 말이다.

행복한 인생의 네 가지 조건

정주영은 행복한 인생의 조건을 크게 다음과 같이 네 가지로 규정하였다.

첫째 조건은 건강이다. 몸이 건강해야 자신이 하고 싶은 일도 할 수 있고, 가고 싶은 곳도 갈 수 있고, 남을 위해 봉사도 할 수 있다. 건강한 몸을 갖는다는 것은 자신은 물론 가족과 친구 모두를 행복하게 하는 일이다.

둘째 조건은 남을 배려하고 순수한 마음을 갖는 것이다. 마음이 천국이면 자신이나 주변 사람들에게 기쁨이 된다. 그러나 마음이 지옥이면 자신도 가족도 친구도 그 모두가 불행하게 된다. 따라서 시기와 질투와 분노를 떠나 맑고 담백한 마음으로 살아야 한다.

셋째 조건은 지금보다 나은 삶, 지금보다 인간답고 지금보다 나은 직장인, 지금보다 나은 발전을 위해 항상 노력하라. 모든 것을 지금보다 나은 삶으로 이끌어내기 위해 충실하게 노력하는 사람에겐 불행을 생각할 여지가 없다.

넷째 조건은 뜻을 강하게 하고 굳게 하라. 이 말은 마음이 곧고 중심이 반듯해야 어떤 어려움에도 흔들리지 않고 꿋꿋하게 헤쳐 나갈 수 있다는 것이다.

정주영은 행복한 인생이 되기 위해서는 이 네 가지 조건을 실천하라고 말한다. 당신도 지금 당장 실천해보라.

누구나 행복하게 살 권리가 있다

사람은 누구나 행복하게 살 권리가 있다. 행복은 특별한 사람만을 위한 인생의 선물이 아니다. 누구에게나 주어진 인생의 권리이며 선물이다. 그런데 문제는 행복은 누구에게나 찾아오는 것은 아니라는 점이다. 그만한 대가를 지불해야 오는 것이다. 대가 없는 인생의 행복은 그 어디에도 없다. 공짜로 인생의 행복을 구걸하지 마라. 공짜 인생은 늘 허무하게 종말을 맞게 되는 법이니까. 그러나 땀과 열정으로 행복을 찾는 인생은 늘 풍요로운 행복을 누리며 인생의 극치를 느낄 것이다. 행복한 당신의 인생을 위해서라면 아낌없이 자신의 열정을 투자하라.

| 마인드 스터디 |

- 행복한 인생은 만족의 눈높이를 낮춰 자신을 행복의 숲으로 이끌고 가는 사람이다. 그러나 자신을 불행하다고 여기는 인생은 끝없는 욕망에 갇혀 사는 사람이다. 자신이 진정 행복한 인생이 되고 싶다면 부정적인 삶의 그늘에서 빠져나와 만족의 눈높이를 조금만 낮추어라.

- 행복한 인생의 첫째 조건은 건강이다. 두 번째 조건은 남을 배려하고 순수한 마음을 갖는 것이다. 셋째 조건은 지금보다 나은 삶, 지금보다 인간답게, 지금보다 나은 직장인, 지금보다 나은 발전을 위해 항상 노력해야 한다. 넷째 조건은 뜻을 강하게 하고 굳게 하는 것이다.

- 행복은 특별한 사람만을 위한 인생의 선물이 아니다. 누구에게나 주어진 인생의 권리이며 선물이다. 공짜로 인생의 행복을 구걸하지 마라. 공짜 인생은 늘 허무하게 종말을 맞게 된다. 그러나 땀과 열정으로 행복을 찾는 사람은 늘 풍요로운 행복을 누리며 인생의 극치를 느낄 것이다.

꿈은 높고 클수록 좋다, 꿈이 커야 큰 인생이 된다

꿈이 있는 사람이 아름답다

'꿈이 없는 사람도 있을까요?' 라고 묻는다면, 대부분의 사람들은 '아닙니다.' 라고 대답할 것이다. 그러나 우리 주변을 돌아보면 꿈도 없이 하루하루를 소일하는 사람들이 의외로 많다는 것을 알 수 있다. 마치 '나에게 허락 된 삶이니까 그냥 하루하루 살아가는 것이다'라고 생각하는 것처럼…

그러면 여기서 말하는 꿈이란 무엇일까? 여기서 말하는 꿈이란 자신이 이루고 싶은 것을 마음에 담아 놓고만 있는 것이 아니라, 그것을 이루기 위해 열정적으로 실천에 옮기는 것까지를 말한다. 꿈이 있는 사람은 그가 무엇을 하던 아름답다.

꿈이 있는 사람에겐 따뜻한 삶의 향기가 난다. 꿈이 있는 사람은 매사를 능동적이고 낙관적으로 바라보기 때문에 눈은 밤하늘의 별처럼 초롱초롱 빛나고, 미소는 온화하며 말은 부드럽고 마음은 따뜻하다.

캐나다 도보 여행가 장 벨리보는 무려 53개국 5만 3천 Km가 넘는 거리를 8년에 걸쳐 여행했고(2008년 9월 현재), 앞으로도 2년 동안 더 계획한 나라를 도보로 여행할 예정이라고 한다. 그는 여행을 하는 중에 거리에서도 자고, 남의 집에서도 자고, 창고나 헛간에서도 잤다. 밥은 빵이나 계란 그리고 여행한 나라의 음식을 얻어먹으며 해결했다고 한다.

그가 10년에 걸친 세계여행을 시도한 것은 자신의 삶에 새로운 변화를 주기 위해서라고 한다. 자신을 새롭게 발견하기 위한 그의 시도는 아내를 비롯한 자식들의 열렬한 응원에 힘입어 지금부터 8년 전인 그의 나이 45세 때 시작 되어 53세가 된 지금 까지도 계속 되고 있는 것이다. 이런 그의 얘기는 세계적으로 널리 알려지고, 그는 가는 곳마다 뜨거운 환영을 받았다.

장 벨리보는 매우 긍정적이고 밝고 맑은 사람이다. 온몸을 쥐어짜는 듯한 뜨거운 태양아래 들판을, 비가 내리는 질퍽한 시골길을, 눈이 쌓인 춥고 미끄러운 산길을 걸으면서도 그는 늘 웃으며 행복한 여행을 즐겼다. 장 벨리보의 세계 도보여행은 그에게 있어 최대의 꿈이며 행복이다.

꿈은 크던 작던, 그것이 어떠하든 간에 가치 있고 아름답다. 그래서 꿈이 있는 사람은 아름답고 넉넉하고 행복해 보이는 것이다.

꿈이 커야 큰 인생이 된다

　꿈을 꾸는 데는 돈이 들지 않는다. 꿈은 가난한 사람도 부자인 사람도, 많이 배운 사람도 배우지 못한 사람도, 남녀노소 누구나 꿀 수 있다. 그러니 이왕이면 꿈을 크게 가져라. 꿈은 클수록 좋다. 집이 가난해도 꿈은 크게 가져야한다. 꿈이 크면 마음도 풍요로워진다. 그러나 꿈만 크다고 해서 마음이 크게 되는 것이 아니다. 꿈이 큰 만큼 마음을 크게 갖고 열정을 다해 실천해야 한다. 꿈의 동그라미를 자기 몸만 하게 그리면 꼭 그만큼만 이루게 되고, 자기 집만큼 그리면 꼭 그만큼만 이루게 되고, 학교 운동장만큼 그리면 꼭 그만큼만 이루게 된다.

　꿈은 믿고 행하는 대로 이루어진다. 공짜로 이루어지는 꿈은 없다. 공짜를 좋아하지 마라. 공짜만 좋아하는 공짜 인생은 공허한 인생으로 일생을 마치게 된다. 그러나 꿈을 크게 갖고 열정을 바쳐 최선을 다하면 큰 인생이 되어 일생을 행복하게 살아가게 될 것이다.

　정주영은 비록 강원도 통천이라는 산골에서 태어났지만, 꿈을 크게 가진 그는 큰 꿈을 이루기 위해 하루 24시간을 48시간으로 혹은 72시간으로 쓰며 최선의 노력을 다 했다. 불필요한 허례허식을 버리고 근면 검소하고 정직한 마음으로 시간이 부끄럽지 않게 실천하며, 계속 도전한 끝에 꿈을 이루어 냈던 것이다. 그가 이룬 꿈의 업적은 상상을 초월할 만큼 크고 장대하다. 가난한 조국을 부유하게 하는 데 앞장섰고, 누구도 해낼 수 없었던 서울 올림픽을 유치하여 성공적으로 이뤄냈으며, 소떼를 몰고 방북하여 평화의 물꼬를 터 놓았다.

정주영은 꿈을 크게 갖고 창의적이고 열정적으로 실천함으로써 큰 인물이 되었던 것처럼, 자신이 가난하다고 해서 큰 인생이 되고 싶은 것을 포기하지 마라. 꿈은 돈이 없어도 학벌이 없어도 크게 가질 수 있고, 노력여하에 따라 큰 인생이 될 수 있다. 생각해보라. 가난한 시골소년이 우리나라 최고의 기업인이 되었다는 사실을…

그렇다면 당신도 할 수 있다. 당신의 미래에 대해 두려워마라. 목표를 세우고 오늘을 열심히 살아라. 꿈을 이룬 사람은 아름답고 위대하다. 꿈은 이루기 위해서 존재하는 것이라는 사실을 잊지 마라.

꿈이 없는 사람을 멀리하라

꿈이 없는 사람은 살아있어도 죽은 사람이다. 꿈이 없는 사람의 눈을 보면 총기가 없다. 얼굴에서는 미소가 떠났고 마음은 돌처럼 무겁다. 삶의 즐거움은 멀어지고 이상은 시들은 은행나무 잎처럼 쪼그라들어 있다. 어디 그 뿐인가? 매사에 부정적이고 수동적이며 언제나 불평불만으로 가득 차 있다.

꿈이 없는 사람을 가까이 하지 마라. 그로 인해 자신의 꿈도 잃어버릴 수 있다. 꿈이 없는 사람은 언제나 소극적이며 비능률적이고 비생산적이다. 그래서 꿈이 없는 사람을 소모적인 인생이라고 하는 것이다.

당신이 소모적인 인생이 되느냐, 그렇지 않느냐는 꿈이 있느냐 없느냐에 달려 있음을 기억하라.

| 마인드 스터디 |

- 꿈이 있는 사람에겐 몇 가지 특징이 있다. 첫째, 꿈이 있는 사람은 늘 밝고 긍정적이다. 둘째, 꿈이 있는 사람은 배려심이 많고 매사에 자신감이 넘친다. 셋째, 꿈이 있는 사람은 어떤 시련 앞에서도 쉽게 좌절하지 않는다. 넷째, 꿈이 있는 사람은 실패를 두려워하지 않는다. 다섯째, 꿈이 있는 사람은 언제나 현재 진행형이다. 여섯째, 꿈이 있는 사람은 칭찬을 잘한다. 일곱째, 꿈이 있는 사람은 친절하다.

- 꿈이 커야 큰 인생이 된다. 꿈의 동그라미를 자기 몸만 하게 그리면 꼭 그만큼만 이루게 되고, 자기 방만큼 그리면 꼭 그만큼만 이루게 되고, 학교 운동장만큼 그리면 꼭 그만큼만 이루게 된다.

- 꿈이 없는 사람을 멀리하라. 그로 인해 자신의 꿈도 멀어질 수 있다. 하지만 자신이 성공적인 인생이 되고 싶다면 늘 꿈으로 가득한 사람을 가까이 하고, 꿈을 이루기 위해 최선을 다하라.

26 success mind
성공의 연금술

정주영과 유태인의 공통점을 배워라,
근면과 성실은 참 좋은 성공습관이다

유태인, 그들은 누구인가

　전 세계에서 가장 우수한 민족으로 자타가 공인하는 민족, 노벨상 전 분야에서 약 40%의 역대수상자를 낸 민족이다. 문학, 의학, 과학, 금융, 정치, 경제, 경영 등 전반적인 분야에서 세계의 흐름을 좌지우지 할 만큼 막대한 영향력을 가진 민족이 바로 유태인이다.

　그렇다면 그들이 소수의 민족으로 세계를 꽉 잡고 있는 힘은 과연 무엇에 있을까? 그것은 유전자의 영향을 받은 선천적인 것보다는 종교와 교육에 의한 후천적 영향이 크다. 유태인 가정에서는 어린아이가 태어나면 어머니 무릎학교에서 그들의 민족서인 '탈무드'를 통해 민족정신과 지혜를 교육받는다. 또한 그들의 민족 종교인 유태교를 통해 경건한 삶을 전수받는다. 이 두 가지가 큰 골격을 이루어 유태인을 세계에서 가장 우수한 민족이 되게 했던 것이다.

이에 대해 좀 더 살펴보기로 하자. 유태인의 교육은 민족정신을 심는 교육이다. 민족의 역사와 철학을 가르치고, 빛나는 문화유산을 보존하고 계승 발전시키는 교육이야 말로 살아있는 교육이며 참교육의 실체인 것이다. 이런 민족정신과 철학교육을 받고 자란 유태인들의 민족정신은 세계 그 어느 나라도 따라오지 못할 만큼 가히 독보적이라고 하겠다. 그들의 민족정신은 온 민족을 하나로 묶어 결속력 있는 공동 집단을 이루게 한다. 그들의 우수성은 개개인에게도 있지만, 국민 모두가 함께 똘똘 뭉치는 강한 공동체에 있다고 하겠다. 이런 예를 단적으로 보여주는 것이 1967년 이스라엘과 아랍국가간에 일어난 이른바 '6일 전쟁'이다.

유태인들은 오랜 역사와 전통을 가진 민족이지만, 비극적 역사로 점철된 아픔을 가진 민족이기도 하다. 유태인들은 이런저런 이유로 민족이 전 세계에 흩어져 살고 있는데, 전쟁이 일어났을 때 세계 각처에 살고 있던 유태인들은 너나 할 것 없이 조국으로 향했다. 특히 미국 주요도시의 공항에는 이스라엘 행 비행기를 타려는 유태인들이 북새통을 이루었다. 유태인들은 자신의 조국을 위해 자신이 피땀 흘러 이룬 모든 것을 포기하면서까지 조국을 향해 날아갔던 것이다. 그 결과 '다윗과 골리앗의 전쟁'이라는 세계인들의 생각을 완전히 뒤엎고, 일주일도 안 되어 이스라엘의 승리로 싱겁게 끝나고 말았다.

　세계 언론은 연일 보도를 해댔고, 그 소식을 들은 세계인들은 벌어진 입을 다물지 못했다. 그도 그럴 것이 3백만도 안 되는 이스라엘이 수십 배가 넘는 아랍연합 국가를 물리친 것은 기적과 같은 일이었기 때문이다.

　그렇다면 유태인들의 그 놀라운 저력은 어디에서 온 것일까? 그것은 곧 그들만의 독특하고 창조적인 교육의 힘에 있었던 것이다. 명철한 역사관을 어린 시절부터 심어준 교육은 유태민족을 하나로 결집시키는 결과를 낳은 것이다.

　또 다른 예를 보기로 하자. 예멘에 살고 있던 유태인 이야기이다. 그들은 팔레스타인에서 추방을 당해 예멘으로 와서 살던 사람들이었다. 그들은 힘든 타국 생활에서도 언젠가는 조국으로 돌아간다는 신념을 가슴에 뜨겁게 품고 살았다. 그러는 사이 2천년이란 세월이 흘렀다. 외부의 문명세계와 완전히 두절된 벽지에서 오직 그들은 자신들의 신앙을 지키며 조국으로 돌아갈 날을 손꼽아 기다리며 살아왔다. 그러던 어느 날, 팔레스타인 땅에 그들의 나라가 건설된다는 소식을 듣고 그들은 뜨거운 눈물을 흘리며 기도를 하였다. 하나님이 자신들을 버리지 않고 약속을 지켜주었다는 사실에 대해 감사했던 것이다.

　그들 4만 3천 명 중 특별한 사정이 있는 천여 명을 제외한 나머지 유태인들은 모두 조국을 향해 걷기 시작했다. 어린이들이나 노인들이나 부녀자들이나 건장한 남자들은 하나같이 희망을 품고, 험준한 산을 넘고 사막을 건너 끝없는 행군을 계속하였다. 그들의 1

차 행군 목표는 아덴이었다. 뒤늦게 이 사실을 안 이스라엘 정부는 서둘러 대형 수송기를 아덴으로 보냈다. 그리고 그들을 모두 이스라엘로 공수하였다. 세계 역사상 유래를 찾아볼 수 없는 대규모 수송 작전이었다. 그야말로 눈물겹고 진한 동포애가 아닐 수 없었다.

유태인은 살아도 함께 살고, 죽어도 함께 죽는다는 투철한 공동체 정신으로 무장 되어있는 강한 민족이다.

이 두 가지 역사적 사실로 미루어 볼 때, 유태인들의 민족정신은 5천년 이란 기나긴 세월에도 빛이 바래지 않은 투철한 역사의식에서 왔고, 그 역사의식은 철저하고 개성 있는 그들만의 독특한 교육이념에서 왔다는 것을 잘 알 수 있다.

정주영과 유태인의 공통점

강인한 신념에서 오는 불굴의 의지이다. 정주영은 가난하게 태어났지만 그 가난 때문에 성공신화를 쓴 불패의 기업인이다. 이런 점은 고난의 민족으로 온갖 박해와 시련 속에서도 쓰러지지 않고 더욱 굳건히 일어서서 젖과 꿀이 흐르는 나라를 세운 유태인의 정신과 맞닿아 있다.

이상이 언제나 밤하늘의 별처럼 푸르게 빛났다. 정주영의 마음속엔 가난을 이겨내고 큰 부자가 되고 싶은 높은 이상이 푸르게 빛나고 있었다. 유태인들 역시 이상을 품고 사는 민족이다. 그들은 지난날 전 세계를 떠돌며 유랑하듯 살아왔지만, 그 어떤 고난도 극복해낼 수 있었던 것은 그들의 가슴 속에 '시오니즘'이란 이상이 푸르게 빛나고 있었기 때문이다.

유머감각이 뛰어났다. 정주영의 별명은 호랑이다. 자식들이나 형제들도 그 앞에서는 주눅이 들만큼 무서웠다. 그러나 그는 사람들의 언 마음을 웃음으로 녹여줄 줄 아는 사람이었고 유머감각이 뛰어난 사람이었다. 유태인 역시 유머감각이 탁월한 민족이다. 유태인들은 유머를 '지성의 돌'이라고 말한다. 유태인들은 유머로 자신들의 삶을 윤택하게 즐길 줄 아는 것이다.

배움을 매우 중요시 했다. 정주영은 배울게 있다면 그 대상이 자신보다 나이가 어리건, 못 배웠건, 지위가 낮던 간에 가리지 않고 배웠다. 유태인 또한 배움을 매우 소중히 여긴다. 그들은 경험을 소중하게 여기고 그것을 적극적으로 활용한다.

이상에서 보듯 정주영과 유태인은 뚜렷한 공통점이 있음을 알 수 있다. 그리고 그러한 공통점들이 성공적인 인생을 살게 하는데 있어 매우 합리적이고 유기적인 관계를 갖추고 있음을 알 수 있다.

근면과 성실은 성공을 위한 필수조건이다.

근면과 성실은 성공적인 인생이 되는 데 있어 필수조건이다. 정주영의 장점을 한 마디로 압축한다면 근면과 성실이다. 그는 늘 새벽에 일어나 그날 있을 일을 점검하였고 걸어서 출근했다. 그리고 사무실 의자에 앉아 지시만 내리는 것이 아니라, 자신이 직접 현장을 다니며 점검하고 직원들을 독려하였다. 또한 자신이 해야 할 일은 미루는 법 없이 깔끔하게 처리했으며, 오늘이란 하루를 24시간이 아닌 48시간으로 쓰며 알뜰하게 보냈다.

그의 이런 정신은 어린 시절부터 길들여진 습관이다. 한 사람이 성공적인 인생을 살아가는데 있어 좋은 습관은 '꿈의 보약'이다. 그는 꿈의 보약인 근면과 성실의 대명사이다. 그의 맑고 푸르게 빛나는 정신은 그를 세계 속의 대 기업가로 영원히 남게 했다.

그렇다면 유태인들은 어떠했을까? 그들 역시 둘째가라면 서러울 정도로 근면하고 성실한 민족이다. 그들은 정해진 시간을 철저하게 지키며 경건하게 삶을 살아간다. 오늘날 그들이 세계 곳곳에서 가장 성공한 민족으로, 가장 우수한 민족으로 살 수 있는 것은 어린 시절부터 교육을 통해 몸에 밴 근면과 성실함 때문이다. 근면과 성실은 성공적인 인생이 되는 데 있어 가장 훌륭한 정신적이고 행동적인 요소이다. 성공적인 사람들은 그 만한 대가를 치루고 행복한 삶을 쟁취하였다. 한 가지 분명한 사실은 그저 오는 성공은 없다는 것이다.

당신이 인생을 보람 있고 행복하게 살고 싶다면, 정주영과 유태인들의 공통점인 강인한 신념에서 오는 불굴의 의지와 푸른 이상과 유머감각과 배움을 소중히 여기고 근면성실로 살아가라.

| 마인드 스터디 |

- 공기가 작은 틈새에도 스며드는 것처럼, 어떤 상황에서도 적응할 수 있는 강인한 승부근성을 길러라. 강인한 승부근성은 성공의 비타민이다.

- 한 사람이 성공적인 인생을 살아가는데 있어 좋은 습관은 '꿈의 보약'이다. 꿈의 보약인 좋은 습관을 들여라.

- 인생을 보람 있고 행복하게 살고 싶다면 강인한 신념에서 오는 불굴의 의지와 푸른 이상과 유머감각과 배움을 소중히 여기고 근면성실로 살아가라.

| 사랑과 행복을 위한 긍정의 한 줄 |

기쁨이 있는 곳에 사람과 사람 사이의 결합이 이루어진다. 사람과 사람 사이에 결합이 있는 곳에 또한 기쁨이 있다.   셴리

미래에 있어서의 사랑이라는 것은 없다. 사랑이란 오직 현재에 있어서의 활동이다. 현재에 있어서 사랑을 보이지 않는 인간은 사랑을 갖고 있지 않다.   톨스토이

사랑할 줄 아는 사람은 자기의 정열을 지배할 줄 아는 사람이다. 반대로 사랑을 할 줄 모르는 사람은 자기의 정열에 지배를 받는 사람이다.   호라디우스

참다운 사랑의 힘은 태산보다 강하다. 그러므로 그 힘은 어떠한 힘을 가지고 있는 황금일지라도 무너뜨리지 못한다.   소포클레스

인간의 사랑은 인간의 위대한 영혼을 더욱 위대한 것으로 만든다.   셴리

대개 행복하게 지내는 사람은 노력가이다. 게으름뱅이가 행복하게 사는 것을 보았는가? 노력의 결과로서 오는 어떤 성과의 기쁨 없이는 누구나 참된 행복은 누릴 수 없기 때문이다. 수확의 기쁨은 그 흘린 땀에 정비례하는 것이다.   블레이크

행운을 바라고 행복을 생각하지 않는 사람은 없다. 그것을 얻기 위해 사람은 고생하고 방황하며, 또한 지름길로 가려고 도박적인 일에 손을 대는 사람이 많다. 사람은 일을 하면서 행운과 행복을 기다려야한다.
― 몽테로우

행복은 잃기가 쉽다. 행복이란 항상 분에 넘치는 것이기 때문이다.
― 까뮈

이 세상의 참다운 행복은 남에게서 받는 것이 아니라, 내가 남에게 주는 것이다. 그것이 물질적인 것이든 정신적인 것이든 인간에게 있어서 가장 아름다운 행동이기 때문이다.
― 아나톨 프랑스

인생 최고의 행복은 서로 사랑하고 있다는 확신이다. ― 빅토르 위고

만족하는 마음을 가질 수 없는 사람에겐 결코 만족한 생활이란 있을 수 없다.
― 묵자

남의 불행 위에 자기의 행복을 만들지 마라. 나에게나 남에게나 따스한 온도가 통하는 것이 진실이다. 행복은 진실하기를 요구하며, 진실 그 자체는 행복이 아니라도 가까운 곳에 있는 것이다. ― 러스킨

최고의 행복이란 나의 결함을 고치고 나의 잘못을 바로잡는 일것다.

— 괴테

오래가는 행복은 정직한 것 속에서만 발견할 수 있다. — 리히텐베르히

행복과 불행은 사람의 마음 가운데 살고 있다. 그러므로 인생을 짧게 보는 사람에겐 행복은 허무하고 불행은 오래 가지만, 원대한 희망을 가진 사람에게는 행복은 오래가고 불행은 짧다. — 게오르규

사랑은 산을 변하게 하여 골짜기로 만든다. — 막심 고리끼

진정한 사랑의 불가결의 조건은 희생적인 헌신, 남의 행복을 내 것인 양 추구하는 것이다. — 뒤파유

한 방울의 사랑은 금화가 가득 찬 주머니보다도 가치가 있다.

— 보낸슈빙크

세상에는 자기를 사랑하고 또 사랑받기를 원하면서도 남을 괴롭히고 해치면서 사랑을 멀리 하는 자가 많다. — 버나드 쇼우

나는 이 글을 쓰는 내내 무척 행복했다. 마치 정주영 회장과 마주 앉아 그의 깊고 풍부한 인생경험을 듣는 듯, 어느 한 순간도 마음의 긴장의 끈을 놓을 수 없었다. 그만큼 정주영 회장의 인생은 나에게 깊은 관심의 대상이었고, 맨 주먹으로 성공신화를 쓴 그의 성공이야기는 그 어떤 소설보다도 영화보다도 드라마보다도 그 누구의 인생보다도 생생하고 감동적이었다.

정주영 회장의 인생이 드라마틱한 것은 인간의 힘으로는 불가능해 보이는 것을 가능하게 이끌어 내어 우리나라의 경제사를 새로 썼다는 것이다. 그의 감동의 드라마는 몇 가지 감동요소를 가지고 있다.

첫째, 아무것도 가진 것 없는 가난한 산골 소년이 맨 주먹으로 갖은 노력 끝에 대한민국을 대표하는 최고의 기업인이 되었다.

둘째, 창의적인 도전정신으로 경제적 불모지인 대한민국이 세계 속의 경제대국이 되는데 크게 기여했다.

셋째, 근검절약을 철두철미하게 실천하며 평생을 청빈낙도하며 살았다.

넷째, 국가와 민족을 위해 헌신하며 최선의 인생을 살았다.

다섯째, 모두가 'No' 라고 말 할때 그는 'Yes' 라고 말했다.

여섯째, 민간인 신분으로 소떼를 몰고 판문점을 걸어서 넘어가 조국 통일의 물꼬를 튼 위대한 평화실천주의자였다.

일곱째, 다들 불가능하다며 엄두를 내지 못하는 것도 그가 시도만 하면 성공으로 이끌어 냈다.

정주영회장의 인생은 개인사적인 것만은 아니다. 그는 우리나라 현대 경제사와 그 맥을 같이 하는 위대한 CEO이다. 우리나라 역대 기업인들 중에 그 만큼 국가경제와 만족을 위해 크게 기여한 사람은 없다. 그는 우리나라 경제사를 온몸으로 써낸 주인공이며, 1세기에 한 번 나올까 말까한 탁월한 경제인이다.

나는 그의 인생이야기를 우리의 청소년들과 젊은이들을 비롯한 이 땅에 살고 있는 모든 이들에게 들려주고 싶었다. 그리고 나아가 미국, 영국, 프랑스, 독일, 이탈리아, 스페인, 일본을 비롯한 전 세계인들에게 우리나라에도 정주영 회장처럼 세계적인 인물이 있었음을 말해주고 싶었다. 이 책이 각 나라 언어로 번역 출판되어 나의 바람이 이루어지는 은총이 있기를 소망한다.

이 책이 자신의 인생을 성공적으로 살고 싶은 우리의 청소년들과 젊은이들, 그리고 모든 이들에게 좋은 친구 같은 인생의 길잡이가 되어주었으면 더 바랄게 없다. 모두들 자신의 꿈을 이루어 행복한 삶을 사는 아름다운 인생이 되었으면 한다.

| 정주영 어록 |

- 나에게 시련은 있으나 실패는 없다

- 모든 일의 성패는 그 일을 하는 사람의 사고와 자세에 달려있다.

- 나는 확고한 신념과 불굴의 노력으로 열심히 살아가는 사람이지 특별한 사람이 아니다.

- 나는 종교에는 기적이 있을 수 있겠지만, 정치와 경제에는 기적이란 없다고 생각한다.

- 누구에게든지 무엇이든지 필요한 것은 모두 다 배워 내 것으로 만든 다는 적극적인 생각, 진취적인 자세로 작은 경험을 확대하여 큰 현실로 만들어내는 것을 평생 주저해 본 적이 없다.

- 머리는 쓰라고 얹어 놓은 것이다.

- 사업은 망해도 다시 일어설 수 있지만, 인간은 한 번 신용을 잃으면 그것으로 끝장이다.

- 나는 생명이 있는 한 실패는 없다고 생각한다.

- 무슨 일이든 낙관하라, 긍정적으로 생각하라.

- 나는 누가 뭐라고 하던 내 철저한 확인과 혹독한 훈련, 끈질긴 독려가 오늘의 현대를 만들었다고 생각한다.

- 사람들은 적당히 게으르고 싶고, 적당히 재미있고 싶고, 적당히 편하고 싶어 한다. 그러나 그런 적당히 사이로 귀중한 시간이 헛되이 빠져나가게 하는 것처럼 우매한 것은 없다.

- 매일 새로워야한다. 어제와 같은 오늘, 오늘과 같은 내일을 사는 것은 사는 것이 아니라 죽은 것이다.

- 길이 없으면 길을 찾고, 찾아도 없으면 길을 만들며 나가면 된다.

- 나는 흑자를 포기하고 현대의 명예를 선택했다.

- 밥풀 한 알만한 근거라도 있으면 그것을 시초로 해서 점점 크게 더욱 큰 것으로 확대시키는 것이 나의 특기이다.

- 스스로 포기하지 않는 한 방법은 있게 마련이다.

- 우물쭈물하다간 남의 뒤꽁무니만 쫓게 되고, 이미 기득권을 가진 이들에게 시장은 분할되어 겨우 부스러기나 얻어먹게 되는 법이다.

- 오늘 못하면 내일 한다는 식으로는 발전이 있을 수 없고, 어려운 일을 피하다 보면 쉬운 일은 아무것도 없다.

- 고정관념은 사람을 멍청이로 만든다.

- 사람들은 시간을 돈이라고 하지만, 나는 시간은 생명이라고 생각한다.

- '해 보기나 했어?' 이는 내가 즐겨 쓰는 말이다.

- 대학에서 이론만 조금 배우고 졸업해서 현장에 나가면 이론만 신봉하면서 모두 어찌 할 바를 몰라 자신 없어한다. 학교에서 배운 이론만 따라 했다가는 돈도 시간도 엄청난 낭비를 피할 수 없다.

- 돈이란 큰 돈이든 작은 돈이든, 드러나지 않게 쓰는 것이 원칙이다.

- 큰 돈을 갖고 있어야만 큰 기업가가 되는 것은 아니다.

- 나는 사람들이 나를 평가하는 척도를 돈으로 하지 않길 원한다.

- 기업은 기업인의 창의에 의해서 성장하는 것이지, 권력에 의해 성장하는 것은 아니다.

- 기업은 규모가 작을 땐 개인의 것이지만, 규모가 커지면 직원들 공통의 것이고 나아가 사회와 국가의 것이라고 생각한다.

- 경영자는 국가와 사회로부터 기업을 수탁해서 관리하는 청지기일 뿐이다.

- 요즘 기업가를 흠모의 대상으로 삼는 젊은이들이 많다. 그러나 섭섭하게도 우리의 기업가가 아니라 미국의 기업가들이다.

- 나는 우리 한국인에 대해 큰 자부심을 갖고 있는 사람이다. 과거·현재로 보나 역사·문화로 보나 아시아에서 우리 민족 이상으로 훌륭한 민족은 없다.

- 신용은 곧 자본이다.

- 자신에게 주어진 시간과 기회를 아무 생각 없이 멍청하게 낭비하는 사람은 모든 것을 멍청하게 낭비한다.

- 신용은 나무처럼 자라는 것이다. 또한 신용은 명예스러운 것이다.
- 깨끗해야 발전한다. 개인도 사회도 국가도 깨끗해야 번영한다.

- 나는 각자 자신이 하고 싶은 대로 성취했다면, 그 사람은 부를 가진 사람이라고 생각한다.

- 돈만을 최고의 가치로 삼는 황금만능 사회는 위험하고 건전한 발전을 기대할 수 없다.

- 건강은 행복을 위한 첫 번째 조건이다.

- 부지런히 노력하는 사람은 좋은 때도 놓치지 않고 잘 잡아 쓰고, 좋지 않을 때는 더욱더 부지런히 노력해 수습하며 비켜가기 때문에 나쁜 운이 작용하지 못한다.

- 편안하고 쉽게 저절로 되는 일은 없다.

- 안이한 관념은 고정관념 못지않게 나쁜 것이다.

- 나는 젊을 때부터 새벽 일찍 일어났다. 그날 할 일에 대한 기대와 흥분 때문에 마음이 설레 늦도록 자리에 누워 있을 수가 없기 때문이다.

- 똑 같은 조건에서 똑 같은 일에 부딪쳐서도, 어떤 이는 찌푸리고 어떤 이는 웃는다.

- 부정적이고 비관적인 사고는 성장과 발전을 가로막는다.

- 모든 것이 가능하다고 생각하지 않는 사람에게 가능한 일은 한 가지도 없다.

- 충실한 삶을 살고 싶으면 매일 일찍 일어나 생각하는 시간을 갖고 일에 임해야 할 것이다.

- 생각하는 사람과 생각하지 않는 사람의 차이는 일을 해보면, 교육과 상관 없이 질적인 면에서나 능률면에서나 하늘과 땅차이가 난다.

- 좋은 교육을 받고도 일생을 흐지부지 사는 사람이 많다. 그날그날을 아무 생각 없이 흘려보내기 때문이다.

- 담담한 마음을 가집시다. 담담한 마음은 당신을 더욱 굳세고 바르고 총명하게 만들 것입니다.

| 정주영 회장 연보 |

- 1915년 강원도 통천군 송전면 아산리 출생.
- 1930년 송전 공립보통학교 졸업.
- 1934년 쌀 도소매업 '복흥상회' 취업
- 1938년 쌀 도소매업 '경일사회' 설립
- 1947년 현대토건사 설립
- 1950년 현대건설(주) 대표이사 취임
- 1961년 대한상공회의소 특별위원 피선
- 1963년 전국경제인연합회 이사 피선
- 1965년 한국무역협회 이사 피선
- 1967년 전국경제인연합회 부회장 피선
- 1969년 한국지역사회학교후원회 회장 피선, 현대시멘트(주) 설립
- 1973년 현대조선중공업(주) 설립
- 1975년 현대미포조선소(주) 설립, 명예공학박사(경희대)
- 1976년 한·아랍친선협회 회장 피선, 명예경제학박사(충남대)
- 1977년 울산공대 이사장 피선, 전국경제인연합회 회장 피선(13대), 재단법인 아산사회복지사업재단 설립
- 1979년 한·아프리카협회 회장
- 1981년 88서울올림픽 서울유치위원회 위원장(바덴바덴 IOC총회), 88서울올림픽조직위원회 부위원장 피선
- 1982년 유전공학연구조합 이사장 피선, 대한체육회 회장 피선, 명예경영학박사(미국 조지워싱턴대)

- 1983년 현대전자산업(주) 설립, 한국정보산업협회 회장 취임
- 1985년 전국경제인연합회 회장 5선 연임, 한국체육인동우회 회장 취임, 명예경제학박사(연세대)
- 1986년 명예문학박사(이화여대)
- 1987년 현대그룹명예회장 취임, 전국경제인연합회 명예회장 취임, 한국정보산업협회 명예회장 취임
- 1989년 한·소경제협회 회장 취임
- 1990년 명예정치학박사(서강대)
- 1991년 한·소경제협회 회장 재선
- 1995년 명예철학박사(고려대), 명예인문학박사(미국 존스홉킨스대)
- 2001년 영면(永眠)

| 정주영 회장 수상 경력 |

- 1962년 식산포장(대통령)
- 1965년 수출 공로표창(대통령)
- 1966년 동탑산업훈장(대통령)
- 1967년 수출 공로표창(대통령), 아시아건설업자대회 우수건설상
- 1968년 우수경영자상(고려대), 수출 공로표창(대통령)
- 1972년 수출 공로표창(대통령)
- 1973년 금탑산업훈장(대통령)
- 1977년 대영제국 코맨더장(영국여왕)
- 1979년 세네갈공화국 공로훈장(세네갈대통령)
- 1981년 국민훈장 동백장(대통령)
- 1982년 골든 플레이트 장(미국 A.A.A 회), 자이레 국가훈장(자이레대통령)
- 1983년 경성훈장(중화민국)
- 1985년 월계관장(룩셈부르크)
- 1988년 국민훈장무궁화장(대통령)
- 1998년 코멘더위드스타 훈장(노르웨이왕실)
- 1998년 올림픽훈장(IOC위원회)
- 2001년 러시아 친선훈장(러시아 대통령)

성공의 연금술

초판 1쇄 인쇄 2009년 12월 10일
초판 1쇄 발행 2009년 12월 15일

지은이_김옥림
펴낸이_임종관
펴낸곳_미래북
신고번호_제302-2003-000326호
주　소_서울특별시 용산구 효창동 5-421호
전　화_02-738-1227
팩　스_02-738-1228
이메일_miraebook@hotmail.com

표지 본문 디자인_김왕기

ISBN 978-89-92289-22-1 03320

* 잘못된 책은 본사나 서점에서 바꾸어 드립니다.
* 본사의 허락없이 임의로 내용의 일부를 인용하거나 전재, 복사하는 행위를 금합니다.
* 저자와 협의하여 인지는 생략합니다.
* 책값은 뒤표지에 있습니다.